両親・親族のウエディングスピーチ

すぐに使える！
文例集
51

両親・親族のウエディングスピーチ　もくじ

〝スピーチは3分間のドラマ〟であるといわれます。この「ドラマ」は、本来、話し手がそのときの状況や聞く人などを考えて、自分が話したいと思う内容や話さなければならない事柄を、自分の言葉で話すものです。そしてそれは、言葉だけではなく、自然と立ち居振る舞いや顔つきに表れる結婚を祝う気持ちをも含んでいます。

3分間というと長く感じるかもしれません。もしくは、思いつくままにエピソードを語るには短い時間かもしれません。しかし、主となるエピソードやネタをきちんと見つけ、話の構成を作ることができれば、それほど難しいものではありません。

この本に収められている文例の、必要だと思われる部分をご自身でアレンジすれば、簡単に、ステキなスピーチがまとまります。そこにあなた自身の祝福の気持ちを添えれば、きっと心に残るスピーチになることでしょう。

おめでたい席で、心に残るスピーチとなることを願っています。

つちや書店編集部

PART

1

魅力ある
スピーチにするために

スピーチを頼まれたときの心構えや原稿の作り方、当日の迎え方とは？　自分らしい、魅力あるスピーチにするためのコツをご紹介します。

◆スピーチを頼まれたら◆

よいスピーチのための7つのポイント

結婚は人生の大きな節目であり、もっとも慶《けい》賀《が》すべきお祝いごとといえます。その披露宴の場で欠かすことができないのがスピーチです。

たとえ雄弁でなくても、ほんとうにまごころの込もったことばであるなら、それは必ず相手の胸を打つものとなるでしょう。

「おめでたい」「喜ばしい」「いつまでもお幸せに」という、結婚する二人を祝福する気持ちを込めることはもちろんのこと、やはり失礼のないよう、次の7つのポイントに注意してスピーチに望みましょう。

- ◆ Point 1　短く、簡潔に。（基本3分以内）
- ◆ Point 2　来賓、上司、同僚などは、前の人とは違うことを話す。
- ◆ Point 3　ユーモアをまじえて、場をくつろがせるように。
- ◆ Point 4　上品で、わかりやすく。
- ◆ Point 5　新郎、新婦の人柄を傷つけない。
- ◆ Point 6　土地のしきたりに気を配る。
- ◆ Point 7　忌みことば（p13参照）を避ける。

◆スピーチを頼まれたら◆

立場を理解して誰にでもわかる話を

両家代表の父親・母親、親族代表のあいさつはあくまでも謝辞ですから、その立場は明確です。問題になるのはそれ以外の親族のスピーチでしょう。

親族ではあっても親族代表でない限り、一般来賓と同じように、比較的自由に話してかまいません。付け加えるとすれば、親族として出席者へのお礼、新郎新婦の目上であれば、今後の新郎新婦への教示、指導を願うことばなどを適《てき》宜《ぎ》含めて話します。

恋愛結婚の披露宴では、親族もくだけた口調、親しみのあるあいさつで問題ありませんが、伯父（叔父）や伯母（叔母）といった年長者の場合、ある程度の格調高いあいさつが望まれるケースが多いようです。逆に兄弟や従兄弟などは、堅苦しいあいさつは避けましょう。

ただし、見合い結婚の場合は、列席者同士がそれほど親しいわけではありませんので、あまりハメをはずしすぎないように注意しましょう。しかし、どれも程度の問題です。どうしてもかたくなりがちな見合い結婚の披露宴では、兄弟や従兄弟が、場の雰囲気をやわらげる大切な役目を担っているとも言えるのです。

「親しき仲にも礼儀あり」ということばの通り、身近な者こそ内容はラフでも、あいさつの始めと終わりをきちんと整え、ことば遣いを丁寧にすることで、きちんとした印象のあいさつになります。

◆原稿を作ろう◆

両家代表あいさつを構成する8要素

結婚披露宴終盤、主催者側として謝辞の形で両家の身内があいさつを行います。通常、新郎の父親が両家代表として述べますが、新郎に父親がいない場合は新婦の父親が代わり、以下、新郎の母親、新婦の母親、双方に親がいない場合は親族などと代わります。

ここでは、この両家代表のあいさつを構成する8要素を中心に述べていきます。

①自己紹介

氏名および、新郎新婦との関係を明らかにします。すでに司会者から紹介されている場合は、必ず自己紹介が必要なわけではありません。

②出席者へのお礼

披露宴に出席してくれたことに対する出席者へのお礼を述べます。

③祝辞に対するお礼

④媒酌人へのお礼

⑤新郎新婦に対する親としての感慨や期待

⑥新郎新婦の今後に教示、指導を願うことば

⑦宴席の不行き届きをわびることば

これは特に儀礼的なあいさつですので、つつ

がなく進行している披露宴では、かえって省略したほうがすっきりするかもしれません。

⑧相手方に対し、良縁を得た喜びを述べる

例えば、「美智子さんは雅夫の嫁にはもったいないような女性でございまして、私ども家族一同誠に喜んでおります。この縁組をご理解、ご快諾くださった田中様ご夫妻に深く感謝いたします」といった形になりますが、両人の合意で結婚が成立する今日《こんにち》、あまり儀礼的にこうした文句を添えては、むしろ旧弊な印象を与えます。あっさりとした、相手方へのほめ言葉程度でよいのではないでしょうか。

なお、両親、親族のあいさつとしては、両家代表としてのあいさつ以外に、両家の父親（母親、または親族）が、それぞれの家、家族を代表してあいさつをする場合もあります。この場合は主催者側のあいさつが2回になります。両家代表は、努めて新郎新婦二人について語りますが、両家から一人ずつ出る場合は、わが子に対する感慨を述べてかまいません。構成する8要素の扱いは同様ですが、内容があまり重複しないように、2番目に話す人（普通は新婦の父親）は、儀礼的要素をやや軽くする配慮も必要かと思います。

いずれにしても、両家、親族代表のあいさつは、以上のあいさつ8要素だけを並べてもそれなりに形の整ったものになります。短いあいさつがかえって喜ばれるかもしれません。しかし、形にこだわることなく、各要素のいくつかを上手に盛り込みつつ、出席者への感謝、新郎新婦への思いが伝えられれば、それがもっとも理想的なあいさつとなるでしょう。

◆原稿を作ろう◆

スピーチでの常套句の使い方

常套《じょうとう》語は、主にあいさつ8要素（p8参照）にあたる形式的な部分で多く用いられます。

例えば、【②出席者へのお礼】では、

ご多忙中のところ／公私にご多忙の折から／ご繁忙の中を／厚く御礼申し上げます／深く感謝を申し上げる次第でございます

などということばを組み合わせて構成します。

【⑥新郎新婦の今後に教示、指導を願うことば】では、

未熟者同士ではございますが／しつけのたらない娘ではございますが

などと、出席者に対してへりくだった表現を用い、

末永くお見守りください／厳しいご叱責を／ご指導ご鞭撻《べんたつ》を賜りますよう

と、両人への今後の指導を依頼します。

【⑦宴席の不行き届きをわびることば】は、出席者にあくまでも謙虚に対する姿勢の表れです。あまり誇らしげにふるまっては礼を欠くことになります。

私どもの不慣れのため／粗酒素行ではございましたが／行き届かぬ点も多かったこととは存じますが

などのことばを申し添えてあいさつを締めくくります。

◆原稿を作ろう◆

起承転結を意識してメリハリのある展開に

両家、親族代表のあいさつの場合、あいさつ8要素（p8参照）を中心にスピーチを展開させていけばよいため、構成上の問題や、脱線によるミスは比較的起こりにくいものです。しかし、そのほかの親族の場合は、一般来賓と変わらない形で話す場合が多いので、スピーチの展開には気を配る必要があります。

ただ、思いついた順に漠然と話したのでは、聞く人もあきてしまうでしょうし、途中で脱線し、混乱することもあります。起承転結を押さえてポイントとなる山場、すなわち「転」の部分へ向けて話を進めていけば、メリハリのある聞きやすいスピーチになります。

また、最近ではユーモアに富んだ、ドライなスピーチが喜ばれる傾向がありますが、それだけに胸を打つようなスピーチも、また新鮮な印象を与えます。感動、共感を呼ぶスピーチ、これは両親、親族ならではかもしれません。

親としての務めを終えたという感慨を述べるとき、涙が浮かぶこともあるでしょう。こうした、言うに言われぬ親の思いが伝わったとき、聞く者の胸に感動が起こります。

しかし、あまりにも未練がましい話はやめましょう。親としての喜び、悲しみが入り混じった微妙な気持ちは、できるだけ淡々と飾らないことばで話すことが大切です。そうした語り口の中にこそ、愛情がにじみでて、聞く者の胸を打つことになるはずです。

◆原稿を作ろう◆

具体的なエピソードを入れて語る

披露宴のスピーチとして、もっとも楽しく、席を盛り上げるのは新郎新婦のエピソードを紹介し、その人柄を語るものでしょう。

親族の場合、友達や同僚とはひと味違った、心あたたまるエピソードを紹介したいものです。しかし、両親、親族は主催者側ですから、むやみに誉めちぎるわけにもいきません。

ただし、両親以外ならやみくもに謙遜してみせるよりは、誉めるべきところは誉めてあげたほうが自然でしょう。両親にしても、わが子を語るときは、控えめにするのが礼儀であることは確かですが、けなすばかりではなく、取り柄の一つや二つはあげたいものです。

伯父（叔父）、伯母（叔母）ならば、新郎新婦の幼い頃のエピソードを話すか、夫婦の大先輩として結婚生活について助言するのもいいでしょう。また、比較的年齢の近い、従兄弟や兄弟の場合、自分と比較して新郎新婦の人柄を語る方法もあります。自分の弱点をあげて新郎新婦を誉めるときは、明るくユーモラスに語るとよいでしょう。

いずれにしても、友人や同僚などの知りえない幼い頃のエピソードなど、親族は話題に事欠かないはずです。できるだけユーモアのある、楽しいエピソードを選んでください。しかし、あとで、「とんでもない話を暴露してくれた」などと新郎新婦から言われないよう、くれぐれも注意してエピソードを選びましょう。

◆原稿を作ろう◆

披露宴で避けるべき忌みことば

披露宴の席上では、次のようなことばは「忌みことば」とされています。スピーチなどでは、使うことを避けたほうがよいでしょう。

最近では、忌みことばであってもあまり神経質にならず、スピーチの中でごく自然に使われるケースもあるようです。しかし、何度も繰り返し使ったり、直接死や別れに関することばを口にしたりするのはやめましょう。

忌みことばを使わないようにすることばかりに気を使うよりも、相手への祝福の思いを込めることを一番に考えたスピーチならば、たとえ忌みことばを使ってしまっても、非難されることはまずないでしょう。

【離婚を連想させることば】

出る、戻る、返す、去る、帰る、嫌う、離れる、割れる、破れる、だめになる、冷える、こわれる、あきる、捨てる、浅い、重ねる、離婚する、切る、傷つける、別れる、終わる、など。

【再婚を連想させることば】

いよいよ、重ね重ね、またまた、たびたび、かえすがえす、くれぐれ、再び、しばしば、重々、重ねて、など。

【慶事にふさわしくない不吉なことば】

失う、落ちる、枯れる、朽ちる、くずれる、倒れる、つぶれる、死、など。

◆原稿を作ろう◆

スピーチに織り込める金言・名言

金言・名言は、基本的にはスピーチのスパイスとして使います。話すエピソードに合ったものを選び、聞き手にわかりやすく説明することが必要です。うまく使えば、スピーチ全体を引き締めてくれるでしょう。また、いきなり本題に入るのは難しいものです。そんなときに使える、前置きのあいさつをご紹介します。

【恋愛、結婚に関する金言・名言】

●恋愛は、人生の花であります。いかに退屈であろうとも、このほかに花はない。（坂口安吾）

●結婚して幸福になるには、汗の苦労を絶えず分かち合わなければならない。（ナポレオン）

●恋は治療し得ない病である。（トライデン）

●愛情には一つの法則しかない。それは愛する人を幸福にすることである。（スタンダール）

●夫婦愛というものは、お互いがすっかり鼻につくようになってから、やっとわきだしてくるもの。（ワイルド）

●他人の好みにかなう妻ではなく、自分の好みにかなう妻を求めよ。（ルソー）

●夫婦愛はしわの中に住む。（ストバイオス）

●結婚生活。この激しい海原を乗り越えて行く羅針盤はまだ発見されていない。（イプセン）

●結婚生活は多くの苦痛を伴うが、独身生活は喜びを持たない。（ジョンソン）

●愛する者と暮らすには一つのコツがいる。それは相手の欠点を直そうとしてはいけないことだ。

●恋は無学の人間に文学を教える。
(シャルドンヌ)

●夫婦生活とは長い会話である。
(エウリピデス)

●結婚はすべての文化の始まりであり、頂上である。
(ニーチェ)

●よい結婚というものがきわめて少ないということは、それがいかに貴重で偉大なものであるかという証拠である。
(ゲーテ)

●愛する、それは互いに見つめ合うことではなく、一緒に同じ方向を見つめることである。
(モンテーニュ)

(サン・テグジュペリ)

【前置きに使えるあいさつ】

●1月のことを古来、睦月といいます。この由来について古い書物には「1月は、知っている者同士が互いに行き交い親しむ睦月である。つまり、親しみ睦ぶることから転じて睦月になった」と説明しています。要するに1月は仲良くする月ということになります。しかし、これは1月に限ったことではございません。お二人はずっと仲良くいっていただきたいものです。(1月に行われる披露宴に)

●いったい、幸せな家庭とはどんなものなのでしょうか。本当の幸せとはどこに存在するのでしょう。「ある人間が必要とするものを求めて、世界中を旅してまわり、家に帰ってきたら何とそこにある」と、自然主義の代表的作家の一人であるアイルランドのジョージ・ムーアは言っています。

●江戸幕府の初代将軍・徳川家康は「人の一生は重荷を負《お》うて遠き道を行くが如《ごと》し。急ぐべからず」と言っております。

◆原稿を作ろう◆

スピーチのタブーをおさえておこう

披露宴のスピーチには、いくつかの避けるべきタブーがあります。スピーチに臨む際には、再度確認をしておきましょう。

①長すぎるあいさつ

新郎新婦の紹介などがある媒酌人は5分から長くても7分、上司や友人などそのほかのスピーチは3分以内に終わらせるようにします。

②紋《もん》切《き》り型の美《び》辞《じ》麗《れい》句《く》や難解なことば

祝辞には形式や慣用語があるはずだと考え、難解なことばや紋切り型の美辞麗句、常套《じょうとう》語を使う人がいますが、それを受ける人への愛情がなければ無意味です。大切なのはまごころです。

③金言や名言、ことわざなどの誤った引用

ことわざや偉人の名言などをスピーチに織り込むと話の幅が広がりますが、間違った使い方はNGです。きちんと意味を調べてから使うようにしましょう。

【ありがちな例】

「一姫二太郎」を、女1人、男2人と誤った解釈をしている人がいます。正しい解釈は、子を育てたことのない親にとって、最初に産む子は女児のほうが育てやすく楽なので一姫、次には跡継ぎの男児がいなければならないので二太郎。上に女児がいると、下の子の面倒や家の手伝いもしてくれるため、この順のほうがよいという意味。それを「一姫二太郎より、現代は一姫一太郎の家族が多く……」などと言うのは間違いです。

④新郎新婦の過去の男女関係

新郎新婦の過去の男女関係は、話してはいけません。ほかの話題でも、新郎新婦を傷つけるような話はやめましょう。

⑤新郎新婦に関係のない話題

家柄、血筋、親兄弟の社会的地位、勤務先の説明などは、媒酌人が簡単に触れることはあっても、祝辞の中で話す必要はありません。無駄を省き、話を要領よくまとめましょう。

⑥隠語、略語、流行語

披露宴には、新郎新婦の親族のほか、年齢や性別、職業の異なるさまざまな人が出席します。一般社会に通用しない隠語や略語、流行語などは、話がわかりにくくなるのでやめましょう。

⑥忌みことば

忌みことばは避けましょう（P13参照）。どうしても使う必要がある場合は、「本来このような席ではいけないことばとなっているのですが……」などと断りを入れるか、別のことばに言い換え、最後はめでたく話を結びます。

⑦知ったかぶりの話し方

他人のスピーチや本などの例を、そのまま用いる借りもののスピーチはやめましょう。自分のことばで語ることが大切です。スピーチ文例集を参考に、できるだけオリジナルのエピソードを入れてアレンジすると個性が出ます。

◆当日の迎え方◆

スピーチの練習と姿勢、表情、話し方

あいさつやスピーチは、その場で考えをまとめて話せばいいように思われがちですが、けっしてそんなに簡単なものではありません。突然指名された場合は別として、前もってスピーチを依頼されている場合や、指名されそうな場合は、あらかじめ原稿にまとめておきましょう。

一般的に、普通にすらすらと話をする場合、１分間に話す文字量は３００字から４００字程度です。つまり、３分間のスピーチの原稿なら４００字詰め原稿用紙に２枚半から３枚を目安にまとめます。草稿が出来上がったら、必ず実際に声に出して読んでみましょう。

スピーチをするときの姿勢は、背すじを伸ばし、肩の力を抜き、腕は自然におろすか前でそろえます。足は、男性なら少し開き、女性の場合はまっすぐにそろえて立ちます。ジェスチャーをつける場合も、あまりオーバーな動きにならないように気をつけたいものです。

表情は笑顔で。しかし、大勢の人の前に立つと、あがってしまうものです。そんなときは深呼吸をして、会場全体をゆっくり見渡し、落ち着きを取り戻します。

余裕があれば、初めのひとことでマイクの調子を確かめ、声の強弱を調整するとよいでしょう。目安としては、マイクから15センチから20センチ程度離れて話すようにします。

繰り返し練習することで、当日は自信を持って臨むことができるはずです。

PART
2

両親のスピーチ

結婚披露宴もいよいよ終わりに近づくと、主催者側として謝辞の形で両家の身内があいさつを行います。通常、新郎の父親が両家代表として述べますが、新郎に父親がいない場合は新婦の父親が代わり、以下、新郎の母親、新婦の母親、双方に親がいない場合は親族などと代わります。

両親のスピーチ
うっかり父さんの巻
本日は
皆様
ご、ご多用
中のところ
ブツ
ブツ
えーと
私ども
親に
とりましても
…
お父さん
時間よー
新郎のお父様
よりお礼の
ごあいさつが
―
本日は
皆様
ご、ご多用
中のところ
キンチョー
まっしろ
えーと
お、
お父さん
…?
ちょっと
お父さん
どうした
の!?
まさか
原稿
忘れたん
じゃない?
二女
長男
もしかして
これ?
はいっ
お父さん
原稿
原稿!
ズサ!
クス
クス
クス

いつまでも子どもだと思っておりましたが
こうして二人の幸せそうな姿を
す、姿を…
ジワァ
うぅっ
ハンカチ ハンカチ
はいコレ
マイク私が持ちますよ
私はこの通りどうもおっちょこちょいでして…
こんなふうにいつも家族に助けられてやっております
花子さんこれからはこちらこそどうぞよろしくお願いします！
ビシッ
フフ
フフいいご家族ね
パチ パチ パチ パチ

列席者に今後の支援や指導をお願いする

若すぎる二人を見守ってください

つかみ

本日は杉山、田中両家の結婚披露宴にあたり、かくも大勢の皆様のご臨席《りんせき》を賜《たまわ》り、誠にありがとうございました。

本日、新郎勇人と新婦春香が、無事新しい人生の門出を迎えることができましたのは、ひとえにご媒酌の労をとってくださいました大川様ご夫妻、ならびに皆様方のご厚情《こうじょう》の賜物《たまもの》でございます。杉山、田中両家を代表いたしまして、厚く御礼《おんれい》申し上げます。

展開

先ほど大川様からご紹介いただきました通り、勇人は25歳、春香さんは21歳の若さでございます。日頃は二十歳《はたち》になればもう立派な大人などと申しておったにも関わらず、勇人が今からちょうど1年ほど前に、初めて春香さんを私どものもとに連れてまいりました折、息子が結婚を考えているという驚きよりもまず、当時まだ二十歳という春香さんの年齢に慌てふためきました。

聞けば二人は知り合ってから半年あまりで結婚を決めたのだそうです。さては二人とも熱に浮かされて頭に血がのぼっているのではないかと思いまして、とにかく慌てぬように勇人をそれとなく悟したりもしました。

しかし、勇人はいっこうに聞く耳をもってくれませんでしたし、また私どもは私どもで、何度か春香さんにお目にかかって話すうちに、春香さんがいかに礼儀正しく、落ち着いた女性であるかを認識いたしましして、今度は年齢のわりにぼんやりと

POINT

両家を代表しての、新郎の父親としての祝辞です。形式にとらわれすぎて、あまりくどくならないように心がけましょう。

した勇人のほうが春香さんにご迷惑をおかけするのではないかと、逆に心配になってしまったような次第でございます。

年齢は勇人のほうが上ですが、春香さんは姉さん女房のようによく気がつかれますし、考え方もとてもしっかりしてらっしゃいます。これはまことにご両親の薫陶《くんとう》の賜物でございましょう。

春香さんのご一家、ならびにご親族の皆様には、これから先、ますますご厚誼《こうぎ》のほど、お願い申し上げます。

結び

先ほどより、皆様から、あたたかいおことばの数々を頂戴いたしましたが、二人はそのおことばの一つ一つを深く胸に刻み込み、よき家庭を作り上げるよう本日より努力していくことでございましょう。

しかし何ぶんにも、まだまったくの未熟者同士。これからも皆様のご指導、ご鞭《べん》撻《たつ》なくして、何事もかなうものではございません。どうぞ末永く、二人を見守りくださいますよう、心からお願い申し上げます。

本日はせっかくのお集まりをいただきながら、十分なおもてなしもできず、行き届かぬ点が多々ありましたことをお詫び申し上げて、御礼のことばとさせていただきます。

皆様、誠にありがとうございました。

お礼を伝えながらも、雰囲気はやわらかく

思わず叫んだ「よくやった！」

私は新郎広行の父、行雄でございます。

皆様、本日はご多忙中にもかかわらず、ようこそお出掛けくださいました。広行、環奈両人の結婚披露のため、このように大勢の皆様のご臨席をいただきましたことは、まったく身に余る光栄でございます。

また、ただいまは両人に対しまして、皆様よりあたたかい励ましのおことばとご祝辞をいただき、重ねて、厚く御礼《おんれい》申し上げます。新郎、新婦はもとより、二人の親といたしましても、身にしみてうれしく拝聴させていただきました。

つかみ

ご媒酌の高木様はじめ、大学時代の恩師、お友達の皆様からご紹介、あるいはスピーチをいただきました通り、広行は大学時代から、環奈さんを生涯ただ一人の伴侶と決め込んでいたようでございます。

しかし、私どもといたしましては、そんなこととはつゆしらず、広行が大学を終え、勤めを始めましてから2年3年と経ちますうちに、結婚のことがどうにも心配になって参りました。

いちおう社会人らしくなってきますと、次は嫁を、と親というものはついつい心配になってしまうもののようで、誰かよい女性をと、常に心がけるようにしておりました。

しかし、当の本人は、何も私どもがじたばたしなくとも、ちゃんと8年も前から、

展開

POINT

両家代表としてあいさつする場合は、あくまで新郎新婦の親として、「二人」を意識して話すようにしましょう。

相手の女性をしっかり決めておったわけでございます。まったく、親の心子知らずとはこのことでございます。幼い頃より、自分のことは自分でするように教育してきた効果があった、とも言うべきところでしょうか。

大学でご一緒だった関係で、私もそれまでに何度か環奈さんにお目にかかったことがございました。誠に明るく聡明な方であり、初対面でのさわやかな笑顔は、今でも印象に残っております。

こんなお嬢さんが広行と一緒になってくれたらと、密かに念じたこともあり、広行から結婚の相手として、あらためて環奈さんを紹介されたときはほんとうに喜ばしく、思わず「よくやった！」と声にだして、息子を誉めてしまったほどでございました。

結び

両人は今、希望に満ち、自信を持って新生活に臨もうとしております。しかし、まだまだ経験不足の若輩者同士でございます。今後とも、変わらぬご指導を皆様より賜《たまわ》りたく、お願い申し上げます。

最後になりましたが、ご媒酌をいただいた高木様ご夫妻、また、二人をお祝いくださいました皆様方に厚く御礼申し上げまして、私のあいさつとさせていただきます。

本日は皆様、誠にありがとうございました。

共働きとなる家庭に助言を与える

職場結婚のメリットを生かして

つかみ

ただいま司会の方からご紹介にあずかりました、新郎正志の父、勝之でございます。清水、佐々木両家を代表しまして、ひとことお礼を述べさせていただきます。皆様、本日は新郎正志、新婦虹子さんの結婚披露宴に際しまして、ご多用中の貴重な一日をおさきくださり、心より感謝申し上げます。

また、二人のために、数々の祝福や励ましのことば、そして過分なお誉めのことばを賜《たまわ》り、誠にありがとうございました。私ども親の知り得ない、二人の社内でのエピソードや、正志の勤務ぶりなども披露いただき、非常に興味深く聞き入ってしまいました。

展開

正志、そして虹子さんは、私どもの子ども、そして家族ではございますが、本日皆様のお話を拝聴《はいちょう》させていただくうちに、本日ご媒酌の労をおとりくださった大内社長ご夫妻をはじめ、日頃二人がお世話になっております会社の皆様もまた、正志、虹子のこのうえない家族であると、痛感いたしている次第でございます。

世間知らずの正志が、まがりなりにも一人前の社会人となれましたことも、いたらない私どもに代わって教育をしてくださいました皆様のおかげでございますし、ましてやその同じ家族に支えられた虹子さんと出会えたことは、正志にとって何よりの幸せだったのではないかと思っております。

虹子さんがたいへんしっかりした、心のやさしい方であることはもちろんのこと、

POINT

職場結婚の場合、出席者も職場関係者が多くなります。媒酌人を社長が務めることも多く、それらのことを意識して話を進めましょう。

虹子さんが正志と職場を同じくされ、正志の仕事をよくご存知であるということをありがたく存じます。このことはこれから築いていく二人の家庭生活にとって、どんなにか大きなプラスになっていくことでしょう。

きっと虹子さんは、的確に正志を支えてくださることでしょうし、また正志のほうではごまかしたいような出来事が生じてもいっさい秘密は通用しないということになります。

いや、誠に結構。さらには、結婚後も仕事を続けていく虹子さんを、正志も十分に理解し、やさしい虹子さんに甘えることなく、家事も分担しながら支えていくことが大切だと思います。

幸い正志は学生時代に一人暮らしの経験もありますので、ひと通り家事はこなせるはずでございます。要領は悪いかと思いますが、虹子さん、どうぞ役立ててやってください。

虹子さんのご一家、ならびに親族の皆様には、これより先、なにとぞご好誼《こうぎ》のほど、お願い申し上げます。

結び

最後にご列席の皆様に、どうか今後いっそう、若い二人にお力添えを賜りますようお願い申し上げ、私のあいさつを終わらせていただきます。

ありがとうございました。

新郎が新婦を強く思っていることを強調

見合いもひとつのきっかけ

つかみ

新郎恵介の父親、小林恵太郎でございます。

本日、ご来賓の皆様には公私ともにご多忙のところをお繰り合わせくださいまして、啓介、一美さんの結婚披露宴にご臨席《りんせき》いただきましたこと、誠に身に余る光栄と存じます。心より御礼《おんれい》申し上げます。

展開

新郎恵介、新婦一美さんは、本日川又様ご夫妻のご媒酌を賜《たまわ》り、二人で新しい人生を歩み始めることになりました。川又様ご夫妻の、ひとかたならぬご尽力に、両家を代表し、厚く御礼申し上げます。

また、先ほど皆様よりいただきましたあたたかい励ましのおことば、祝いのおことばの数々、新郎新婦は感慨深げに聞き入っておりました。きっと皆様のおことばを心の支えに、幸せな家庭を作るべく、二人で力を合わせていくことでしょう。

恵介は子どもの頃から、たいそうのんびりしたところがございまして、大学を卒業し、現在の会社へ就職いたしましてから、今年で早くも8年目でございます。仕事が面白いのは結構なことではございますが、なかなか結婚の二文字を口にしてくれません。私どもとしては、内心ハラハラさせられ通しでございました。そこへ、ご媒酌人の川又様ご夫妻から一美さんのお話をいただき、喜んでご配慮をお願いしたわけでございます。

POINT

見合い結婚の場合、恋愛結婚より多少形式的なあいさつが望まれますが堅くなりすぎないよう注意。また、媒酌人へのお礼も忘れずに。

恵介は最初、例によりまして誠にのんびりした口調で、どちらでもよい、などと申しておったのですが、一目、一美さんにお目にかかりましてからは、何ですか人が変わったように私どもをせかせ、それからわずか半年で今日《きょう》のよき日を迎えることになったのでございます。どうやら世に言う一目惚れだった、と申せましょうか。

出会ってから後は、恋愛によって結ばれた二人でございます。しかし、その良きご縁を結んでくださったのは、ご媒酌人様にほかならないのです。新郎新婦は、この仮親とも言うべき川又様ご夫妻に、重ねて感謝申し上げることを忘れてはなりません。そのご恩返しは、何よりも本日ご臨席の皆様にご安心いただけるような、健全な家庭を作ることにあります。二人とも、今日の感激を決して忘れず、さらに理想の実現に励んでください。

結び

このように多くの皆様からご祝福をいただき、晴れがましい姿の二人を目のあたりにいたしますと、あらためて皆様への感謝の思いで胸が熱くなって参ります。

どうぞ皆様、この先、二人が逡巡《しゅんじゅん》するかに見えますときは、どうか厳しい叱咤のことばを、また二人が間違った判断に立つかに見えますときは教諭のことばをかけてやっていただきたいと存じます。

勝手な言いぐさばかりではございますが、今後ともこの両人にお力添えくださいますようお願い申し上げます。本日は誠にありがとうございました。

新婦の人柄とご両親の育て方を誉める

同居してくれる気だてのよい新婦

つかみ

本日は私どもの結婚披露宴に、かくも大勢の皆様のご臨席をいただきまして、誠にお礼の申し上げようもございません。

また先ほどより、新郎、新婦の門出をお祝いくださり、数々のおことばを賜《たまわ》りまして、両家一同身に余る光栄と存じ、感激いたしました。本日は私どもにとりまして、生涯最良の日でございます。

展開

さらに、この良き縁をおとりなしくださったご媒酌の安西様ご夫妻。晃司の嫁として、早苗さんのような素晴らしい女性をお選びいただきましたことに、深く感謝を申し上げます。早苗さんは晃司さんのみならず、私ども夫婦にとりましても、心から歓迎したい理想の女性でございました。

最近は、私どもが適齢期の頃とは婚礼のありようも大いに異なっておりまして、何よりもまず、当人同士の意志が大切。家と家の結びつきであるといった要素は、次第に希薄になってきております。言い換えれば、当人同士が好き合ってさえいれば、家と家との釣り合いや、親の都合や好みなどはかえりみられない、とも申せましょうか。

したがいまして、昔はお嫁さんが、婚家の家風になじむために苦労をいたしたものですが、今は親が息子夫婦の考え方を理解するために、難儀を強いられるといったことにもなるわけです。

POINT

新郎の父として、新郎よりも新婦を誉めると印象がよいものです。見合い結婚の場合は、特にこうした気配りが必要になります。

私どもとしても、晃司が結婚するということになりましたとき、すぐに親子別々に暮らすものと覚悟を決めておりました。ところが晃司は長男でありますことから、私ども両親と一緒に暮らしたいと言ってくれまして、早苗さんも快くそれを承諾してくれたというのです。これにはかえって拍子抜けいたしまして、最初だけでも二人で新婚生活を送ったほうがよいのではないか、などと言わずもがなのことまで申してしまった次第でございます。

それでもやはり、違う世代の夫婦が同じ屋根の下に生活するからには、双方気兼ねも多く、うまくいかないことも多かろうと心配は尽きません。しかし、早苗さんはほんとうに気だての良い明るいお嬢さんであり、この半年のうちにすっかり私どもとも打ち解けて、今では実の娘のような気さえいたしております。早苗さんご自身の人柄もさることながら、ご両親のよき薫育《くんいく》によるものでございましょう。

結び

晃司は先々《さきざき》、私どもの仕事を継いでくれると申しております。私もすでに還暦をすぎ、晃司には早く安心させてほしいと願っておったわけでございます。皆様のおかげをもちまして、こうして一人前に世帯を持つ身とはなりましたが、まだまだ浅《せん》学非才《がくひさい》、いたらぬところの多い若輩者でございます。どうか皆様、折にふれて二人にご指導、ご鞭撻《べんたつ》を賜りますよう、くれぐれもお願い申し上げます。

本日は誠にありがとうございました。

列席者と友人への感謝の気持ちを中心に

あたたかい友情に支えられて

つかみ

皆様、本日は誠にありがとうございました。

慎弥の父、慎一でございます。石丸、小山両家を代表いたしまして、ひとことお礼を申し上げます。

展開

本日の披露宴は、新郎、新婦の強い希望によりまして、形式張った披露宴はやめ、気の合ったお仲間を中心に、二人の結婚を祝っていただく祝賀会形式とさせていただきました。

私などは頭の古い人間でございますので、会費を持ち寄って披露宴を開くと慎弥に聞きまして、どうなることかとずいぶん心配いたしておりました。

しかし、このように楽しく、にぎやかに、祝福されている二人の幸せそうな笑顔を見るにつけ、このパーティーを若い方たちにおまかせしてほんとうによかったと、心から喜んでおります。

慎弥、そして美智子さん、今日はご苦労様でした。式もとどこおりなくすみ、いよいよ新しい生活が始まるわけです。

ご出席くださった皆様、思い思いのあたたかいご祝辞、またすばらしい贈り物の品々までいただき、ありがとうございました。

新郎、新婦にとって、今日《きょう》のこの日は、生涯忘れ得ぬ最高の思い出となるでしょう。

POINT

会費制結婚式の出席者は、若い人が中心になるので、肩の凝らないあいさつにしたいものです。尽力してくれた友人への感謝も忘れずに。

慎弥は私どもの末っ子で、上は女ばかり3人ございます。母親や姉たちは言うにおよばず、私といたしましても、年《とし》を取ってから生まれた長男だけにずいぶん甘やかして育ててしまったのではと、常々案じておりました。

しかし、本日皆様のやさしさ、あたたかさを身近に感じさせていただき、この方たちのお仲間の一人として認めていただいておるならば、わが息子もまんざら捨てたものでもないなどと、思った次第でございます。

どうぞ皆様、これからもあたたかいご友情を持って、二人を見守ってやってください。また、ご好意に甘えるようなところがございましたら、そのときは厳しく叱咤していただきたいと存じます。

結び

さて、堅苦しいあいさつはこの辺にいたしましょう。本日はこのような楽しいパーティーを開いてくださったうえ、私ども身内の者まで大勢お招きくださいまして、ありがとうございました。

このように素晴らしいお友だちとともにありますならば、若い二人の将来も、きっと輝きに満ちたものになると、確信いたしております。

今日はとにかくうれしい一日となりました。

皆様ありがとうございました。

新郎新婦と子の今後の幸せを願って

新婦に出会えた願ってもない幸運

つかみ

皆様、お忙しい中をわざわざご臨席をいただきまして、新郎、新婦ともども喜んでおります。本日は誠にありがとうございました。

また、司会をお引き受けくださいました神田様、ご出席いただきました皆様、両家を代表いたしまして感謝のことばを述べさせていただきます。

展開

英明が先妻に先立たれましてから、今年で3年になります。残された達也の養育は、英明とともに、私ども夫婦が見て参りましたが、やはり子どもにとって母親は、なくてはならないものでございます。

何よりも家族あってこそ、子どもは伸びやかに、明るく育って参るものでございましょう。また、3年間、勤務と育児に追われてきた英明にとりましても、安らぎの場所が必要であろうと思われます。

親として、心を砕いておりましたところ、私どもとも親しくしている英明の同僚であります、小暮さんご夫妻より、ひよりさんという素晴らしい女性をご紹介いただきました。

ひよりさんは早くにお母様を亡くされ、以来、母親代わりとしてお父様、そして弟さんのお世話をしてこられました。本当の聡明さ、ほんとうのやさしさ、そして強さを兼ね備えた、このうえないお人柄に惹かれ、英明はもちろんのこと、私どももぜひにと望んでお嫁にきていただくこととなりました。

POINT

再婚でも、スピーチは通常と何も変わりません。離婚、死別などの原因も詳しく話す必要はありません。臨機応変に対応しましょう。

ひよりさんは、この春に弟さんが大学を卒業し、社会人になられたので、ようやく嫁ぐ決心がついたとのことですが、おかげで英明は、このように願ってもない幸運を授かることができたわけでございます。

ことに達也がひよりさんに非常によくなついておりまして、私どもにとって、これほどうれしいことはございません。

英明は今、仕事の面でも大変気力の充実しているときでございます。こうしてよき家庭を持つことができましたからには、ますます張り切って仕事に励み、ひよりさんの幸せのために努力を続けて行くことでございましょう。

皆様のご祝福に包まれて、二人はこの新たな門出に、大きな希望を抱いていることでしょう。きっと二人で力を合わせ、幸せな家庭を築いていくと信じております。どうか皆様、末永くこの二人を、そしてこの一家を見守りくださいますよう心よりお願い申し上げます。

結び

最後に、この良縁を作ってくださった小暮様ご夫妻と英明の会社のご友人、本日、ご出席いただきました皆様に、あらためて、厚く御礼《おんれい》を申し上げます。本日はほんの披露宴のまねごとばかりの粗宴であり、行き届かぬ点の多々ございましたことをお詫び申し上げて、お礼のことばとさせていただきます。

皆様、ありがとうございました。

親としての気持ちを素直に表現する

再婚同士の新しい門出

つかみ

新郎晃の父、田中輝雄でございます。本日は休日でありますので、いろいろとお心積もりもあったことと存じますが、かく多数のお運びをいただき、誠にありがとうございました。

おかげをもちまして、このようにおだやかな披露宴をもつことができましたこと、心より感謝いたしております。

展開

新郎晃、新婦里佳さんは、本日めでたく夫婦となり、先ほど皆様よりいただきましたあたたかい激励、そして諭しのおことばを肝に銘じ、新しい生活の第一歩を踏み出すことになりました。

この幸福に満ちた晃たちの家族を見るにつけ、私ども親族一同、安堵の気持ちでいっぱいでございます。

皆様ご承知の通り、新郎新婦はともに、過去において同じ悲しみを味わってきた者でございます。しかし、私はそれゆえに、このたびのご縁は、誠に良きご縁であったと、そのように考えております。

お互いの気持ちをよく理解し合い、ともに手をたずさえて悲しみを乗り越えていくことができましょう。そして、今日《きょう》から始まる新しい人生へも、二人同じ希望を持って臨んでいってくれることでしょう。

ここ数年、晃にはどうにも暗く、わびしい影がつきまとっているように見えてな

POINT

再婚であることにこだわらず、親としての素直な喜びや安堵を述べましょう。率直な子を思う気持ちが聞き手の心に残るものです。

らなかったのですが、里佳さんと出会いましてからは、すっかり以前の明るさを取り戻したようでございます。

里佳さんの明るさが、晃を支えてくれるのです。晃と同じ境遇にありながら、里佳さんは笑顔を絶やさず、晃や子どもたちをはじめ、私たちに接してくれます。これこそが大人のやさしさ、強さであり、明らかに晃の上をいっていらっしゃると思います。この明るさとやさしさ、そしてこの素晴らしい笑顔を、これから里佳さんとともに暮らすことによって、晃や子どもたちにも見習ってほしいと思っております。

なお、私ども晃の両親にとりましては、優奈ちゃんという、かわいい孫が一人増えたことも、大変大きな喜びでございます。

二人が今日からこの家族のために、力を合わせ、幸せな家庭を築いていってほしいと、心から願っております。

皆様もどうぞ、これまでにも増したご指導、ご鞭撻《べんたつ》をくださいますよう、お願い申し上げます。

結び

最後になりましたが、本日ここにお集まりいただいた皆様に、深く感謝申し上げて、私のあいさつとさせていただきます。

ご列席の皆様、本日は誠にありがとうございました。

新郎の長所や頼りになる点をアピール

わが家のリーダーである新郎

つかみ

本日は、亮太、優美両人の結婚披露宴に、ご多用中にもかかわらず、わざわざご足労いただきまして、誠にありがたく、両家を代表いたしまして厚く御礼《おんれい》申し上げます。

このように大勢の皆様にあたたかくご祝福いただき、本日二人が輝かしい人生の門出を迎えられましたのも、ひとえに皆様のお力添えによるものと、誠に感謝にたえません。

展開

また、ただいまは二人のために、あたたかいご祝辞や励ましのおことばをたくさん頂戴し、ありがとうございました。皆様のおことばの一つ一つを深く胸に刻み、両人は新しい生活に取り組んでいくことでしょう。

家内を病で亡くしましてから10年余り、私どもの一家は、私と亮太と弟の隆、三人の男所帯で暮らして参りました。時には亮太の祖母でありますす私の母が、様子を見に来てはくれましたが、おおむねは男3人で、のんびりと、友だち同士のように、また、ときにはむさくるしくやってきたわけです。

この家族の中で、亮太は常にリーダーでありました。私が仕事で出ていることが多かったためではあるのですが、例えば食事をはじめ、掃除、洗濯などの家事からレジャーまで、すべて亮太が私と弟に割り振って遂行させるといった具合です。

家事一般には、かなり精通いたしておりますので、その点、協力的な夫となるこ

POINT

わが子を語るときは控えめにするのが礼儀ですが、けなすばかりでなく、誉めことばを上手く入れると効果的です。

とは、間違いないことでしょう。

母親がいない影響は、いろいろな形で亮太に及ぼされていることでありましょう。亮太が一人の人間として、立派に育ったものかどうか、恥ずかしながら不安も感じております。しかし、積極性と責任感の強さだけは、親として自信を持って申し上げることができます。

はたして優美さんとのお付き合いの際も、その積極性を用いたものかどうかは私の知るところではございませんが、優美さんのような美しい方と一緒になる亮太がうらやましい、と申しますか、いや、誠にうれしく存じております。

結び

最後になりましたが、二人がこの良き日を迎えるまでに、ご媒酌人の多田様ご夫婦にはひとかたならぬお世話をおかけいたしました。とりわけ奥様には、何かにつけてご尽力賜《たまわ》りましたこと、この場を借りまして、心から御礼申し上げます。

きっと二人はしっかりと、明るく、幸せな家庭を築いていってくれることと思います。しかし、困難にぶつかってたじろぐことも、選択を迫られて迷ったり、時には間違うこともあるでしょう。どうぞ皆様、そのような折は、ぜひ二人にお力添えくださいますようお願いいたします。

皆様のご健康と、ますますのご繁栄を願いまして、私のあいさつとさせていただきます。本日は誠にありがとうございました。

新郎の父親
新郎の母親
新婦の父親
新婦の母親
新郎の親代わり
新郎の従兄弟
新婦の従兄弟

触れなくてもいいことをあえてネタに

新たに娘を迎える喜び

つかみ

本日は、武藤、柳原両家の結婚披露宴にあたり、かくも大勢の皆様のご参集《さんしゅう》をいただきまして誠にありがたく、感謝のことばもございません。

ご媒酌の労をとってくださいました高橋様ご夫妻には、心より御礼《おんれい》申し上げますとともに、二人の今後におきましても、ぜひともご指導を賜《たまわ》りますよう、お願い申し上げます。

展開

また、先ほどよりご出席の皆様から、お心のこもった祝福と、さらには過分なるお誉めのおことばまで頂戴し、新郎、新婦のみならず、私どもにとりましても、身にあまる光栄と感激いたしております。

皆様、ありがたいおことばばかりでございましたが、ことに田中様の「夫婦は家庭の共同経営者である」とのお話には、深く感銘いたしました。

家庭を維持し、充実させて参りますには、まこと企業と同じように、要となります者が、ともに助け合い、責任を持ってことにあたっていかなければなりません。まさに、共同経営者であると共感した次第でございます。私どもでは商売をいたしておりますす関係上、ことのほか身にしみるおことばでございました。

皆様すでにご承知のとおり、正憲は私どもの養子でございます。

今からちょうど20年前、正憲が小学校に入る直前に、わが家に迎えました。この頃は子どもにとっていちばん大切な時期であり、また難しい時期でもあります。い

POINT

列席者のスピーチの中から心に残ったフレーズを引用すると、用意してきただけの原稿よりもさらに感謝の気持ちが伝わります。

ずれのご家庭でも同じようなご苦労を経験なされるものでございましょうが、わが家もやはり例外ではなく、しかも養子と養父母という関係でありましたために、叱るにも、また反抗する側にとってもどこかためらいに似た気持ちがあって、お互いにつらい思いをしたところもございました。

しかし長い年月を経て、今や私どもは、誠の親子以上に心の通い合った間柄となりました。こうしてお迎えした陽子さんという、かけがえのない伴侶とともに、商売を継ぐと申してくれております。陽子さんが、正憲とともに私どもと一つ屋根の下で暮らし、しかも商売を継いでくれるということは、何にも増してうれしいことでございます。

子どものない寂しい日々を送っていた私どもに、今度はこんなにもかわいらしい、心やさしい娘までできたのですから、喜びも2倍でございます。しかしながら、なにぶんにも未熟な二人でございます。今後とも皆様のお力添えなくしては、何事もはかどらず、時には間違うこともございましょう。どうか折にふれご指導ご鞭撻《べんたつ》を賜りますようお願い申し上げます。

結び

本日は親といたしまして、誠に感慨無量でございました。すべて皆様のおかげでございます。深く皆様に感謝をささげ、私のあいさつとさせていただきます。

ありがとうございました。

接する中で感じた新婦の魅力を語る

身近に起こった国際化に驚き

つかみ

新郎純の父、染谷保でございます。本日は、次男純、新婦メアリーさんのために公私にご多用中のところ、わざわざお運びくださいまして、誠にありがとうございました。

初めて純がメアリーさんをわが家につれて参りましたとき、それだけでも私どもは大変驚きまして、しばらくいたしましてから、今度はメアリーさんと結婚する、と純に打ち明けられましたときなどは、正直申しまして度肝を抜かれ、ことばも出ないほどでございました。

日頃から、日本人ももっと国際化し、英語も日常会話くらいはスラスラとできないようでは恥ずかしい、などと申しておりましたものが、このように身近なところで起こった国際化にあわてふためいているようでは、何とも情けないばかりでございます。

展開

幸いメアリーさんは日本語が堪能《たんのう》で、しかも日本の文化に対し、非常に深い造詣《ぞうけい》を持っていらっしゃいます。特に、日本の古典芸能、能や歌舞伎、文楽などについての知識の豊富さにいたっては、純などとうていおよびもつかないほどの知識で、私どもは話をしてすっかり感心してしまいました。

近頃では、私とメアリーさんは純抜きの二人で歌舞伎を観に行ったりしておりますす。なぜかと言えば、話は簡単です。歌舞伎にあまり興味のない純と一緒に行くよ

POINT

紹介されたときの驚きを語るのは、画一的になりやすいもの。国際結婚では、相手の日本的な面をほめるのがベターです。

りも、すごく興味のあるメアリーさんとご一緒したほうが楽しいからです。メアリーさんは、そのうえ、よく気がつき、また、一人で日本に来て学び、働こうという芯の強さを兼ね備えているのですから、純はほんとうにすばらしい女性を選んでくれました。

そうは申しましても、やはり文化もことばも違う国に生まれ育った二人が、うまくやっていかれるものかどうか、不安はつきまとっておりました。

しかし、本日皆様のご厚情とご友情に包まれて、幸福に満ちた二人の笑顔を見ておりますうちに、皆様のようなあたたかい方がそばにいてくださるならば、きっと二人はこれからも困難を乗り越えて、幸せな家庭を築いていけるだろうと、安堵《あんど》いたしました。

どうぞこれからも、変わらぬお付き合い、ご指導賜《たまわ》りますよう、よろしくお願い申し上げます。

結び

最後になりましたが、本日ご出席賜りました皆様のおかげで、二人は素晴らしい門出の日を迎えることができました。

皆様のさまざまなスピーチのおことばには、誠に感謝のことばもございません。深く御礼《おんれい》申し上げます。

皆様、本日はありがとうございました。

新婦とのエピソードを通して美点を語る

同居を望んでくれた新婦に感激

つかみ

本日は皆様にはお忙しいところ、またご遠方のところをお出かけくださいまして、誠にありがとうございました。

私は新郎健一の母でございます。ひとこと、お礼のあいさつを申し上げたいと存じます。

ただ今は二人のために、ありがたい励ましや悟しのおことばをたくさん頂戴いたしましたが、誠にうれしく、私などは新郎、新婦以上に感激してしまった次第でございます。

展開

皆様すでにご存知のように、10年前に主人を亡くしまして、それからというもの健一と姉の久美子の二人を、女手一つで育てて参りました。おかげさまで姉は片付いておりますし、健一も社会人として3年目を迎え、仕事にも慣れて、生きがいある毎日を送っているようでございます。

世間では、男の子には父親が必要だと言われております。私もときには父親のように厳しくあらねばと心がけては参りましたが、やはり女親だけではいささか気の弱い男に育ったのではないかと心配していたころもございました。

ですが、そうした懸念にもかかわらず、健一は明るく元気に育ってくれたようでございます。

これも皆、私のいたりませんところを、本日お集りくださいましたお友だち、先

POINT

夫亡きあとの自分の苦労話はあまりくどくどとしないこと。新郎新婦の今後の幸せを願い、今日の率直な喜びを語りましょう。

輩の皆様が支えてくださったおかげと存じます。

美歩さんも、そうしたお友だちの一人でございました。先ほど司会者の佐々木様がご紹介くださいましたように、高校のクラスで知り合い、二人は本日まで、大切に愛を育てて参ったのでございます。

私は二人だけで新婚生活を送るようすすめてきたのですが、二人はぜひにと同居を申し出てくれました。美歩さんが強く、そう望んでくださったと聞き、感激いたしました。美歩さんのやさしさ、あたたかさは、これまでもよく存じているつもりではございましたが、これもご両親のご薫育《くんいく》の賜物《たまもの》とあらためて感じ入るものがございました。

結び

皆様から、身にあまることばを頂戴した二人ではございますが、まだまだ何ごとにつけ経験不足でございます。これからも皆様にご指導をお願いしなくてはなりません。

ときには叱責をいただくことも必要かと存じます。どうぞ末永くごひいきくださいますよう、お願い申し上げます。

最後になりましたが、本日お集りくださいました皆様に、心より感謝申し上げて、私のごあいさつとさせていただきます。

皆様、本日はほんとうにありがとうございました。

家庭を持つこと、次期社長への自覚を促す

会社の後継者になる新郎へ

つかみ

ただ今、ご紹介にあずかりました、新郎修の母、橋本美津子でございます。ご列席の皆様に、謹《つつし》んでごあいさつを申し上げます。本日はお忙しいところを、遠路はるばるお運びくださいまして、誠にありがとうございました。

また先ほどは、皆様から身にあまるご祝辞やおことばの数々を頂戴し、新郎修、新婦綾子さんにとりましても、また私ども親族にとりましても、このうえない喜びでございます。

ご媒酌の任を、快くお引き受けくださいました玉川様ご夫妻、本日は誠にありがとうございました。また、司会をなさってくださった野田様、どうもご苦労さまでした。

展開

皆様のあたたかいご支援とご助力を持ちまして、本日の披露宴もとどこおりなく進行いたしております。厚く御礼《おんれい》を申し上げます。

慣れませんものゆえに、万事に不行き届きがあったかとも思います。失礼の段も多々あったと存じますが、それらの点につきましては、何とぞご寛恕《かんじょ》くださいますよう、伏してお願い申し上げます。

修の父は、7年前に病没いたしました。そのあとを引き継ぎまして、私が会社の代表として仕事をさせていただいております。力およばずながら、どうにか私がここまで続けてくることができましたのも、ひとえに皆様方のご支援の賜物《たまもの》と、深く

POINT

社長という立場から、形式を踏まえ少々重々しく話します。不手際を詫びることばは、しつこくないほうがいいでしょう。

感謝をいたしておるしだいでございます。

そしてまた、息子の修が私の仕事を手伝って、少しずつ次期社長としての任を受け継いできてくれましたからこそ、こうして何ひとつ支障なく、今日の良き日を迎えることができたのでございましょう。

亡くなりました修の父は、妻の私が申し上げますのはおこがましいのですが、まさに努力の人でした。「人生これ努力」というのがモットーの人でした。修も父もそのモットーを受け継ぎ、努力をしつつあります。

修に、こんなに美しく、聡明な綾子さんという伴侶を迎えられましたことは、本人、そして親族にとりましても、また社員一同にとっても、誠にうれしいことでございます。

本日、ご臨席賜《りんせきたまわ》りました皆様のあたたかい励まし、ご鞭撻《べんたつ》を肝に銘じまして、二人はよき家庭を築いてくれることでございましょう。しかしながら、まだまだ若輩者同士でございます。勝手ながら、今までにも増してご指導のほど、よろしくお願い申し上げます。

結び

あわせまして、ご出席いただきました皆様のご健康と、ご多幸をお祈り申し上げ、私のあいさつとさせていただきます。

本日は誠に、ありがとうございました。

境遇を話し、今後の指導をお願いする

同じ境遇同士の良縁

つかみ

ただ今ご紹介にあずかりました、和道の母、金田和代でございます。司会者の玉置様からの紹介にもございました通り、たまたま私のところも、また嫁方も主人に先立たれておりますことから、ふつつかながら、私が金田、平木両家を代表し、あいさつをさせていただきます。

展開

本日はお忙しい中、このように大勢の皆様にお集まりいただき、新郎和道と、新婦かおりさんの門出をご祝福くださいまして、誠にありがとうございます。

こうして二人が無事式をあげ、晴れがましくも夫婦としての第一歩を踏み出すことができましたのは、すべて、ご出席の皆様のご厚情によるものでございます。重ねて、厚く御礼《おんれい》を申し上げます。

和道より、かおりさんのお話を伺いましたのは、今から1年ほど前でございました。その折、かおりさんのご家庭も、私どもと同じ境遇とうかがい、これも何かの縁だな、と思ったものでございました。きっとお互いを思いやり、理解し合ってあたたかい家庭を築いていくことができようと、直感したわけでございます。

事実、かおりさんにお会いしてみて、和道にはもったいないような素晴らしい方で、私までが、ひと目で惚れ込んでしまったほどでございました。

和道も、そしてかおりさんも、母一人で育ちましたものの、その不幸にゆがめられることなく、明るく素直に成長して参りました。また、どちらの母親も仕事を持っ

POINT

両家代表あいさつは通常新郎の父が行います。新郎に父親がいない場合は新婦の父親、以下新郎の母親、新婦の母親と代わります。

ておりました関係で、ずいぶんと寂しい思いもしたことでしょうが、それに耐える強さも身につけてくれたものと思います。子どもの誉めことばを口にし、失礼とは存じますが、どうぞお許しくださいませ。

和道は小学校5年生のとき、父親を病気で亡くしました。

その折、和道は涙ひとつ見せませんでしたが、納骨が終わったとき、「お母さん、僕、お父さんのような人になる」というので、「どうして?」と聞くと、「お父さんは思いやりのある人だったから」と言ってくれました。私はそのときほどうれしかったことはありません。

しかしそれ以来、母親ばかりを見て育ちましたから、世の中に知らないことも多いことでございましょう。今日《こんにち》より自分の家庭を持ったのですから、二人で手をたずさえて、自分たち自身で人生を知るよう努力していってほしいと願っております。

結び

この先、二人が迷ったり、誤ったりするようなことがございましたときは、どうぞ悟しのことばをおかけくださいませ。必要ならば、叱責もいただきとうございます。

世間にうとい私ども親に代わって、ご指導くださいますようお願い申し上げます。

本日は、ほんとうにありがとうございました。

心より、皆様に感謝申し上げます。

母親の目線から新郎新婦を語る

病気療養中の父親に代わって

つかみ

私は、新郎圭太の母、信代でございます。

皆様、いろいろご用もおありであったと存じますが、わざわざお運びをいただきまして、誠にありがとうございます。

本来ならば、圭太の父親が皆様にごあいさつを申し上げるのでございますが、あいにく病気療養中でございますので、誠に僭越《せんえつ》ながら、母親の私がごあいさつさせていただきます。

展開

このたび圭太さんには、静香さんという、こんなに素晴らしいお嬢さんを、生涯の伴侶として迎えることができました。こうして皆様のあたたかい祝福に包まれ、美しい静香さんと結ばれた圭太の幸福そのものの顔を見ておりますと、母親としての喜びが、しみじみと心の底からわき上がって参ります。

圭太は就職をいたしましてから、これまでに2度、転勤がございまして、私どもは、これではゆっくりお嫁さんを探す暇もなかろうと、あれこれ心配をしておりました。

ところが圭太が突然、会わせたい人がいると申しまして、わが家に静香さんを連れて参りました。そしていきなり「お嫁さんにするから」とこうでございます。それまで何も聞いておりませんでしたので、急なことにすっかり驚いてしまったのですが、さらに静香さんとお話をしてみまして2度ビックリいたしました。圭太とは

POINT

父親に代わってあいさつする経緯を明確にします。病名など具体的に明かす必要はありません。母親ならではのソフトな語り口で。

中学時代の同級生、以前わが家に遊びに来たこともある、と言うのですから。そういえばお目にかかったことのあるような気はいたしましたが、その当時は圭太が紹介もしてくれなかったものですから、すっかり忘れてしまっておりました。

圭太は、私どもがあまり細かいことを気にかけず、比較的自由に育てて参りましたので、少しわがままなところがございます。何か先ほどの皆様のお話では、勤め先ではたいそうきちんとやっているとかで、不思議な気もいたしますが、要は本人のやる気でございましょう。

これからは、家庭の中でもそうのんきには過ごしておれないはずでございます。自分の手で家庭を守り、力を合わせて幸せを自分たちのものにしていかなければなりません。とは申しましても、まだまだ自分たちの力だけでは何事もはかどらないことでございましょう。どうぞ皆様、折にふれ、若い二人のために助言、叱責を賜《たまわ》りますようお願い申し上げます。

結び

なお、不参いたしました主人からは、皆様のご列席を仰ぎながら失礼いたしましたことを、深くお詫び申し上げますとの伝言でございます。どうかご理解をいただき、お許しを賜《たまわ》りますようお願い申し上げます。

最後になりましたが、ご列席くださいました皆様のあたたかいご祝辞に厚く御礼を申し上げ、私のあいさつとさせていただきます。

列席者へのお詫びと感謝を伝える

より強い絆で結ばれることを

つかみ

皆様、本日はいろいろとご多忙のところ、まげてご出席いただきまして、ほんとうにありがとうございました。

本来ならば主人がごあいさつ申し上げるべきなのでございますが、先ほど司会者様がお話しくださいましたように、失礼ながら欠席させていただく結果となりましたため、僭越《せんえつ》ではございますが、代わって私からひとこと、ごあいさつさせていただきます。

展開

本日、父親が出席していない、私どもの事情につきましては、すでに皆様、おおかたご存知のことではございましょう。二人があまりにも若くして、結婚を望みましたゆえに、結婚について、太郎に対する主人の思惑と、太郎自身の考えとが、大きく食い違ってしまったのでございます。

生来の頑固さに意地まで加わって、ついに肯《がえん》ずることなく、今日の日を迎えることになってしまいました。

本日の主人の非礼につきましては、どうぞお許しくださいますよう、心からお願い申し上げます。

このような形での門出ではございますが、それゆえに、かえって新郎、新婦二人の絆はより強く固く結ばれるのではないかと、私はそのように思い、また期待をいたしている次第でございます。

POINT

家庭内のゴタゴタはあまり詳しく述べないことが望まれますが、これは特別なケース。ある程度事情を話し、列席者にお詫びしましょう。

どうか幸せな家庭を築いてほしいと、心から願ってやみません。

今朝ほど私どもが出かけて参りますとき、主人はやたら支度をする私のあとをついてきては、何やら言いたそうにずっともじもじいたしておりました。

心の中ではすっかり二人の結婚を認め、本日もこの披露宴に新郎の父親として出席したい気持ちがあったでしょうが、意地もございましょうし、また面映くもあるのでございましょう。

とうとうその気持ちを口にすることはできず、この席にともに参ることはできませんでした。しかし、おそらく今頃は一人で、二人の幸せを祈念していることと思います。

薫さん、そして鶴巻家ご親族の皆様、誠にご迷惑をおかけいたしました。いずれ主人も、本日の無礼をお詫びにうかがうことでございましょう。

結び

最後になりましたが、ご出席の皆様、本日は新郎、新婦をお祝いくださいまして、ほんとうにありがとうございました。どうぞこれからも末永く、二人をご支援いただきますように、よろしくお願い申し上げます。

はなはだ勝手なごあいさつとなりましたが、重ねてお詫び申し上げ、私のあいさつに代えさせていただきとうございます。

ありがとうございました。

両家代表あいさつとしての形式的な例

一人前の社会人となるように

つかみ

新婦佐和子の父、野間昭でございます。

新郎の父が、昨年亡くなりましたために、僭越《せんえつ》ながら私が井原、野間両家を代表いたしまして、ひとことごあいさつ申し上げたく存じます。

本日はご多用中にもかかわらず、貴重なお時間をさいてご臨席《りんせき》を賜《たまわ》り、誠にありがとうございました。

おかげさまをもちまして、新郎新婦はとどこおりなく式を挙げ、夫婦としての第一歩を踏み出すことができました。これもひとえに、皆様のご厚情《こうじょう》とお力添えによるものと、深く感謝いたしております。

展開

また、先ほどは、新郎新婦への数々のご祝辞、激励、お誉めのことばを賜り、誠にうれしく拝聴させていただきました。新郎、新婦とともに、厚く御礼《おんれい》申し上げます。

新郎貞治君は、先ほど○○社の野田様のごあいさつにもありました通り、T大学を優秀な成績で卒業し、ただ今は○○社に勤務、第一営業部にて活躍中でございます。娘佐和子にはすぎたる伴侶《はんりょ》と存じております。

とは申しましても、まだまだ若輩のそしりはまぬがれません。今後とも皆様の変わらぬご指導を賜り、一人前の社会人として成長させてくださいますようにお願い申し上げる次第でございます。

POINT

花嫁の父としての感慨を率直に述べ、共感を誘うのもいいでしょう。ただし、くどくならないようにさらりと話しましょう。

新婦佐和子は、まだ成人式を迎えたばかりで、正直申しまして社会人としてはまだ半人前、ましてや貞治君の妻として立派にやっていけるものかどうか、いささか心配いたしております。

けれども両名は、互いによく協力し合い、新しい人生に取り組んで行く覚悟を固めているようでございます。なにとぞ厳しいご鞭撻《べんたつ》をもって、この若い二人を支えてやっていただきたく、重ねてお願い申し上げます。

花嫁の父というものは、世間で申しますように、なるほど、だらしのないものでございまして、このようなふつつかな娘でも、いざ嫁にやるとなると、何やら複雑な思いもこみ上げてまいります。

しかし、今日《こんにち》からは貞治君の妻。貞治君をしっかりと支え、力を合わせてよい家庭を築くよう、努力を重ねていってほしいと願っています。

また貞治君には、どうか、ありのままの佐和子をご理解のうえ、末永くリードしていただきたいと思っております。

結び

本日は、ほんの披露宴のまねごとばかりの粗宴《そえん》であり、行き届かぬ点も多々あったかと存じますが、お許しを願い、これをもちまして、あいさつとさせていただきます。

皆様、誠にありがとうございました。

新郎新婦にまつわるエピソードを長めに

親子の好みがピタリと一致

つかみ

新婦優衣の父、天野順一でございます。

大勢の皆様にご来駕《らいが》いただき、ほんとうにありがとうございます。

優衣がこのような良縁を得ることができましただけでもうれしく、感激いたしておりますうえ、このように華やかにお祝いくださいまして、誠に感謝のことばもございません。

展開

優衣は兄弟といえば兄が一人おりますだけで、それも年が離れていたために、小さい頃から甘やかされて、少々わがままに育ったところがございます。

ですから、このたび嫁がせるにつきましては、大きな喜びである反面、不安を感じずにはいられません。

しかし本人は、とにかく幸福な家庭を作りたい。仕事から帰った仁君が、心から休息できるような安らぎの場にしたいとの、希望を語っております。どうぞ、仁君そしてご両親、ご親族の皆様、しつけのいたらない娘ではございますが、何とぞご指導とご叱正《しっせい》のほど、よろしくお願いいたします。

仁君は、誠に明朗な好青年であります。私などは優衣がお付き合いを始める前に、学校のクラスメートとしてお目にかかった際、一度で惚れ込んでしまったのですが、これればかりは私が惚れても始まりません。当然ながら、要は仁君と優衣の問題であります。日頃はなかなか趣味の一致をみない私と娘でございますので、余計な心配

POINT

新婦の父親のあいさつは、通常新郎の父親のあいさつに続いて行われます。礼儀的な内容が重複しないよう語りだしを軽くしましょう。

をし、一人やきもきいたしておりました。

しかし、うれしいことに私ども親子の好みは一致し、二人はすぐに意気投合したようで、彼氏として紹介されてから半年後の今日《こんにち》、この良き日を迎えることができたしだいでございます。

私ども夫婦にとりまして、子どもの結婚は、長男に続いて今日《きょう》が2度目でございますが、やはり娘の結婚というものは、話に聞いておりましたが、なにやら胸が詰まると申しますか、特別な感慨を覚えさせるもののようです。

私ども親にとりまして、今日《きょう》の良き日は忘れられない一日になることでしょう。そしてまた、優衣にも今日の感激とよろこびを、いつまでも忘れずにいてほしいと願っております。

結び

さて、二人は本日、新しい門出をするわけですが、長い人生、常に平穏無事などということはありえません。つらいとき、苦しいときもございましょう。それを乗り越えるためには二人の努力しかございません。しかし、まだ人生経験の乏しい二人では、力の足りないこともございましょう。

今後とも、この新郎、新婦に、どうか皆様のご支援をお願い申し上げるしだいでございます。

本日は、お祝いくださいまして、ありがとうございました。

列席者に合わせたエピソードを盛り込む

娘の独身主義をくつがえした新郎

新婦絵里子の父、宍戸伸二でございます。

本日はご繁忙のところ、わざわざお運びをいただき、誠にありがとうございました。新郎新婦の二人にとりましては、一生に一度の晴れの日でございます。

それだけに皆様のあたたかいご祝福はありがたく、また大変うれしゅうございました。先ほど賜《たまわ》りました励ましのおことば、悟しのおことばを肝に銘じまして、今《こん》日《にち》から二人はともに歩き始めます。皆様のご厚情《こうじょう》に、親として、心から感謝を申し上げます。

つかみ

絵里子が○○社に採用をいただき、社会人としての第一歩を踏み出しましたとき、正直に申し上げまして、私は「さあ、次はいよいよ結婚だ」などと思ったものでございました。しかし肝心の娘は「一生独身で通す」などと言い出しまして、気まぐれだろうとは思いながらも、やはり心配いたしておりました。

その上3年、4年と勤めて参りますうちに、朝は早く、帰りは遅く、果ては休日まで会社の用事だと言っては出かけて行くようになり、娘はますます会社に行くのが楽しくて仕方がないといった様子を見せ始めたのでございます。

これは仕事熱心のあまり、ついに独身主義を固めたかと思っておりましたところが、突然、隆利君を紹介され、結婚の承諾を、というではありませんか。聞けば、二人は同じ課で、しかもここ数年担当しているプロジェクトまで同じとか。なるほど

展開

POINT

職場結婚の披露宴は知り合いが多く、気の置けない雰囲気で進められます。必要以上にかしこまりすぎず、リラックスしたあいさつを。

会社が楽しいはずでしょう。

〝人生の出会い〟はドラマです。隆利君と巡り合ったことで、絵理子の人生のシナリオが変わってしまったのです。仕事が恋人だった絵里子が女性としての真の幸せに気づいたのです。

それ以来、絵里子は親の目から見ても、女らしくなってきました。幼い頃から絵里子は親に似たのか、どうも頑固なところがございまして、その娘の独身主義を覆してくれただけのことはあり、隆利君は誠に明るく伸びやかな、頼もしい青年でございます。

どうか絵里子には、ひとたび主義を覆したからには、今度はよき妻として、同じ職場にあったことを生かし、隆利君をしっかりと支え、頑固なるがゆえの美点を体現してほしいものだと期待をしています。

結び

最後になりましたが、会社の皆様、そしてご出席くださいましたすべての皆様に心より、厚く御礼《おんれい》申し上げます。

また、そのうえ、さらにお願いを申し上げることになりますが、何ぶんにも若い二人でございますので、どうぞ今後とも様々にお力添えを賜り、この新しい夫婦の成長を助けてくださいますよう、重ねてお願いいたします。

本日は誠にありがとうございました。

主となる列席者に重きを置いた話に

ぬくもりのある祝福に感謝

つかみ

ただ今、ご紹介にあずかりました、新婦玲子の父でございます。

本日は浩太君と玲子のために、このように楽しい、さわやかなパーティーを開いていただき、ほんとうにありがとうございました。

若い方たちの、ユニークなスピーチを聞かせていただいておりますうちに、私もすっかり、このなごやかな雰囲気にうちとけ、主催者側であるにもかかわらず大いに楽しませていただいております。

展開

こうして若い皆様方の間に身を置かせていただきまして、時代が変わるにつれ、結婚についての考え方も、少しずつ変わってくるものだと、つくづく感じているところです。

私どもの若いころには、婚姻は家と家とが結びつく、いわば儀式でありました。しかし、今の若い方々にとっては、若い二人の結びつきを親しい友人、知人たちで祝い合うもののようです。

どちらが正しいとは、一概《いちがい》に決められるものではないと思いますが、こうして皆様に囲まれ、ほんとうに幸せそうな今日《きょう》の二人を見ておりますと、本来、お祝いというものは、形式にとらわれることなく、こうしたぬくもりのある雰囲気で行われるべきなのではないかと、そう思えて参ります。

親から見ればまだまだ幼いような娘も、皆様の友情を受け、いつの間にやら大人の仲間入りをさせていただいたようでございます。

親として、心から皆様に感謝を申し上げます。

本日から新生活が始まりますが、何か二人に悩みごとでもあるようでしたら、どうぞ相談にのってやってくださるようにお願いいたします。二人にとっては親しいお友だちの皆様のご助言こそが、物事を乗り越える何よりの力になるはずでございます。

浩太君。玲子は明るさだけが取り柄のわがままな娘ですが、きっと明るい家庭を作ってくれることと思います。

手前勝手な言い方になってしまいますが、二人で新しい暮らしを始めようというとき、何よりも大切なことが明るさであり、ことによると、すべての幸せの始まりは、そこにこそあるのではないかとさえ、私には思われるのです。

どうか玲子をよろしく頼みます。

POINT
カジュアルなパーティーでは、あまり長いスピーチは避けたいものです。ただし、おざなりにならず、短くても気の利いたものに。

くつろいだ雰囲気にそぐわない、堅苦しいあいさつを長々としてしまったようです。もう、このくらいにしておきましょう。

皆様のおかげで、本日は二人にとって素晴らしい門出になりました。どうか今後とも、よろしくお願い申し上げます。

ほんとうにありがとうございました。

結び

包み隠さず新郎新婦の事情を語る

親子３人での再スタート

つかみ

新婦沙知の父、高田次郎でございます。

本日はようこそおいでくださいました。

同じような人生経験を持つ者は、お互いによく理解し合えるものでございます。克哉君と沙知が、今日《きょう》ここに、皆様から新しい人生の門出をお祝いしていただけますのも、そうした縁が実を結んだからにほかなりません。

展開

新郎克哉君は、ご媒酌の杉山様のご紹介にもありました通り、５年前に奥様を亡くされ、３歳の愛梨ちゃんを抱えて、何かとご苦労の多かったことと存じます。

新婦の沙知も一度は結婚いたしましたが、縁薄く、一人で暮らす運命になっておりました。その沙知が、このたび克哉君というよき伴侶と巡り合い、ささやかながらもめでたく、華燭《かしょく》の典《てん》をあげられる運びとなりましたのは、ひとえに皆様の厚きご支援の賜物《たまもの》と、心からうれしく、ありがたく存じている次第でございます。

このご縁をおとりなしくださいました杉山様ご夫妻、誠にありがとうございました。ご媒酌の労までわずらわせまして、お礼のことばもございません。沙知もけっしてご恩を忘れることなく、克哉君の妻として、愛梨ちゃんの母として、精いっぱい励んでいくことでございましょう。

また、今日、いちばん喜んでおりますのは、新しいお母さんができた愛梨ちゃんではないかと思います。すでに沙知とはすっかり仲良くなり、私どもとしてもうれし

POINT

必ずしも再婚であることは断らなくてよいですが、事実を素直に話してその喜びを語ったほうが誠実に伝わるでしょう。

いかぎりです。沙知といたしましては、母親になった経験がないことにいくばくかの不安を抱いていることでございましょうが、いつまでも本日こうして新たに家族になった喜びを忘れずに愛梨ちゃんの母親として、しっかり務めを果たすよう、心から念じております。

愛梨ちゃん、新しいお母さんができてよかったね。それに新しいおじいさんもできたんだよ。新しいおじいさんとも仲良くしようね。

結び

まだ若いうちに一人になり、この先、沙知の将来はどうなっていくものかと、ずいぶん案じておりましたが、こうして克哉君という素晴らしい伴侶を得《え》、新しい門出を迎えられましたことは、親として何にも増してうれしく、ありがたいものと存じております。

どうか健康に気をつけて、あたたかく、楽しい家庭を築いていってほしいと願っています。

あわせまして、皆様のご支援、ご鞭撻《べんたつ》を、勝手ながら今にも増してお願い申し上げる次第でございます。

本日は、お忙しい中ご足労賜《たまわ》り、誠にありがとうございました。皆様のご健勝とご多幸をお祈りいたしまして、あいさつに代えさせていただきます。

ありがとうございました。

養子縁組の場合の両家代表あいさつ

理想以上の婿を迎えて

つかみ

新婦祐実の父、鈴木憲武でございます。

本日は公私にご多用中のところをまげてご出席いただきまして、誠にありがとうございました。

新郎、新婦にとりまして、今日《きょう》は生涯忘れることのできない記念の日でありますが、私ども夫婦にとりましても、実によき、思い出の一日となりました。このように華やかに大勢の皆様からお祝いいただきましたことに、深く感謝を申し上げます。

展開

私どもは本日、智之君という祐実にはすぎた婿殿を、吉沢家より迎えることができました。これもひとえに、本日ご出席を賜《たまわ》りました皆様の、日頃からのご厚情《こうじょう》のおかげでございます。重ねて厚く御礼《おんれい》申し上げます。すでに司会者からもご紹介がありました通り、智之君は、大学の修士課程を終えられ、現在研究所に勤務する少壮《しょうそう》学者です。学者と申しますと、いかにも気難しげで、世事《せじ》に疎《うと》いと思われがちですが、智之君は、けっしてそのような人間ではございません。

ほんとうのことを申しますと、初めて智之君の経歴を聞いたとき、私どもの家族は冗談だと思い、失礼ながら誰一人信じようとしませんでした。もちろん智之君の隣にすましで座っている、新婦、祐実を含めてです。それくらい智之君は愉快で気のいい男なのです。

実は昨年、私ども夫婦は祐実とともにヨーロッパへ旅行に参りました。その旅行

POINT

養子縁組の場合、新婦の父親が両家の代表としてあいさつします。新郎が養子になることを認めてくれた新郎の家族へのお礼を忘れずに。

の団体の中に智之君がおり、偶然にも20日間、旅をともにしたのが、われわれの出会いでした。第一に彼と親しくなったのは私です。もっとも娘は自分だと主張しておりますが。

それがご縁で、祐実は、語学の達者な智之君にいろいろと教えを請《こ》うようになりました。

実は娘は、大学の英文科を卒業しましてから、家事を手伝いながら勉強を続けております。童話の翻訳をしたいなどと申しておりましたが、私には智之君に会う口実だったように思えてならないのでございます。

あるとき、私は「行ったり来たりしていてはお互いにわずらわしいだろうから、いっそのこと智之君にうちへ来てもらってはどうか」と祐実に申しました。

私がほんの軽い気持ちで言ったその一言で、まさか、こんなにも早くことが運ぼうとは思いもよりませんでした。**智之君のご両親はじめ、親族の皆様の深いご理解に心から感謝を申し上げます。また、これからもご好誼《こうぎ》のほど、よろしくお願いいたします。**

結び

ご列席の皆様には、今度とも二人をご指導、ご鞭撻《べんたつ》くださいますよう、心よりお願い申し上げます。

本日は誠にありがとうございました。

"平凡"と謙遜しながら長所を述べる

平凡こそが娘の取り柄です

つかみ

新婦真帆の母、見山栄子でございます。本日はお忙しいところを、わざわざお運びくださいまして、誠にありがとうございました。

また二人のために、お心のこもった祝賀の数々を頂戴し、身に余る光栄と感謝の念にたえません。

展開

ご友人からの新郎へのお誉めのおことばは、さもありなんと拝聴しておりましたが、真帆までを淑女、才女のように扱っていただきましたことには、ほほが火照る思いで、すっかり恐縮してしまいました。

真帆は、皆様にそのようなおことばをいただけるほどの娘ではございませんで、平凡なばかりが取り柄でございます。平凡が取り柄などというと、おかしく思われるかと存じますが、そう申し上げましたのも主婦として務めを果たすには、平凡であることは何よりもプラスになるのではないかと、私にはそう思われるからでございます。

知り合いのことなど思い起こしてみましても、何かとはっきりとした、個性的な娘さんよりも、ごく平凡な娘さんのほうが、しっかりとした奥様として成長なさっているような気がいたします。妙な理屈を申しましたが、私は親として、真帆にそうした期待を持っているのでございます。

実を申しますと、私も〝平凡な妻〟をモットーにして参りました。それはす

POINT

女手一つで育ててきた苦労話はなるべく避け、感傷的にならないように気をつけましょう。静かな語り口でも娘への思いは伝わります。

でに他界した私の母の教えでした。私は人生にとって、平凡ということがほんとうの幸せのような気がしました。平凡とは〝並み〟ということだそうです。〝並みの幸せ〟〝並みの人生〟それが人間らしいことだと思われてなりません。

これもまた平凡なことではございますが、真帆の明るさだけは、少しばかり親の口からも誉めてやろうかと思います。むしろ私からは、礼を言った方がいいのかもしれません。

10年余り、母娘2人きりで暮らしながら、私は真帆の明るさに、ずいぶんと救われて参りました。その調子で今日《きょう》から俊二さんをしっかりと支え、主婦としての務めをしっかりと果たしてほしいと思います。

結び

ですが、真帆が一家の主婦として立派に成長するためには、自分自身の心がけはもちろんのこと、やはり、皆様のご指導やご鞭撻《べんたつ》なしにはかなうことではございません。どうか折にふれまして、真帆をご指導くださいますように、必要に応じてはご遠慮なくご叱責も賜《たまわ》りますようお願い申し上げます。

俊二さん、そしてご両親、ご親族の皆様、どうぞ真帆をよろしくお願いいたします。はなはだ勝手なごあいさつとなりましたが、ご列席の皆様に心から感謝を申し上げて、結ばせていただきます。

本日はありがとうございました。

ためらいを感じている新婦の背中を押す

これまでの苦労が報われた思い

つかみ

新婦美千留の母、林田正子でございます。

本日は、お忙しい中をお出かけくださいまして、ほんとうにありがとうございました。

お礼の申し上げようもないほど、感謝で胸がいっぱいでございます。

また、先ほどは、皆様から身に余るお祝いのおことばの数々を頂戴いたしまして、誠に感激いたしました。美千留に代わり、厚く御礼《おんれい》申し上げます。

展開

司会者様のお話にもございましたように、私は10年前に夫を病で亡くしまして、それからというもの、女手一つで美千留と、その弟洋司を育てて参りました。幸い、夫の友人のお世話によりまして、○○社の総務部で働かせていただくことができ、今日《こんにち》を迎えております。始めは心細い思いもいたしましたが、皆様のあたたかい励ましに支えられて、しだいに気持ちも落ち着いて参りました。美千留がこの良き日を迎えられましたのも、私どもにお力添えくださった、皆様方のご厚意《こうい》のおかげでございます。あらためて、心からお礼を申し上げます。

親の口から申し上げるのも失礼かとは存じますが、片親のもとに育ちながら、むしろそれだからこそ、と申せましょうか、美千留は、明るく、気持ちのやさしい子に育ってくれました。明るいところは、私に似ているのだと思います。私の明るさは亡くなった母の遺産です。母はどんなにつらいことがあっても、いつも明るさを

POINT

苦労話よりも、娘が嫁ぐ喜びを強調します。新郎や新郎の家族に対し、「娘をよろしく」と心を込めて頼むのもいいでしょう。

忘れませんでした。「女は家庭の太陽だから、いつも明るく輝いていなければ……」それが母のモットーでした。美千留もそれを受け継いでくれているのだと思います。このよき日を迎えてなお、私と弟をおいて嫁ぐことに、ずいぶんとためらいを感じているようでございます。

ですが、私も今では10年前とは違い、心も体も健康で、仕事に生きがいを持っております。洋司も来年は成人式を迎え、そろそろ一人前の男と申せましょう。**寂しいどころか、今、美千留の晴れ姿を目のあたりにし、これまでの苦労も報われたと、ほんとうにうれしゅうございます。**

友和さんも美千留を気に入ってくださっているとうかがい、あとは二人でよい家庭を築いてくれるよう、願うばかりでございます。

結び

萩原家の皆様、いたらぬ点の多い娘ではございますが、どうぞ美千留をよろしくお願いいたします。また、ご来席の皆様、いたらぬ美千留ですので、これからもご指導、ご鞭撻《べんたつ》のほどをお願い申し上げます。

本日は誠にうれしい、感無量の一日でございました。

ここにあらためて、皆様のご祝福に深く感謝を申し上げ、私のごあいさつとさせていただきます。

皆様、ありがとうございました。

胸を打った新郎の決意の言葉を披露する

二人の決意に動かされて

新婦麗奈の母、中田真帆子でございます。

本来でございましたら、麗奈の父親が皆様にごあいさつを申し上げるべきところでございますが、数日前に急な病で入院いたしまして、どうにも出席がかないませず、ふつつかながら私が代役として、ひとことお礼を述べさせていただきます。

本日は拓弥さんと麗奈の結婚披露に際しまして、このように賑々《にぎにぎ》しくご出席をいただき、誠にありがとうございました。

麗奈はこの春、大学院を卒業したばかりの24歳でございます。親の目から見ますと、いつまでたってもまことに幼く見えまして、このたび、大学の先輩でいらした拓弥さんと一緒になりたいと娘から聞きました折も、まだまだそのような心の準備もできておらず、主人と二人、ただもう驚くばかりでございました。

拓弥さんも、先輩とはいっても2つ年上の26歳。二人とも、若さゆえの衝動的な気持ちの高揚から、結婚を口にしているのではないかと心配されてならなかったのです。ですが、ある日拓弥さんが、私どもにこう言ってくれたのです。「一人では足りないところも、二人で力を合わせて、必ず一人前にやり遂げてみせます」と、それは固い決意の感じられる、力強いことばでした。そのことばに、私どもも、また拓弥さんのご両親も説得させられたのでございます。

考えてみますと、私が主人のもとに嫁ぎましたのは、22歳のときでございました。

つかみ

展開

POINT

父親に代わって母親があいさつに立つ場合、差し障りのない範囲で理由を述べます。出席者に伝言などの配慮もあるといいでしょう。

そのようなことはすっかり忘れ、若すぎるなどと申しておりましたのも今となっては恥ずかしいような気がいたします。固い決意を述べられたときの拓弥さんの目はらんらんと輝いていました。そして、その傍にいる麗奈の目も同じように輝いていました。その目を、どうか二人とも一生持ち続けてください。そして、幸せな家庭を築いてください。

こうして麗奈の晴れ姿を見ながら、あの赤ん坊がいつの間にか一人前のレディになり、今日《きょう》からは拓弥さんの妻として家庭を作っていくのだと思いますと、ほんとうに感慨深うございます。

一人前にとは申しましたが、二人ともまだ、何ぶんにも経験の浅い若いカップルでございます。どうぞ末永くお力添えくださいますよう、ご出席の皆様にお願い申し上げます。

結び

なお、病床の主人より、こうして皆様の出席を仰ぎながら、不注意で病に伏せり、お礼を申し上げることもできませず、誠に申し訳なく、深くお詫びいたしますとの伝言でございました。どうかご理解くださいますようお願い申し上げます。

本日はいろいろと不行き届きもございましたが、お許しをお願いいたしまして、私のあいさつとさせていただきます。

皆様、ありがとうございました。

"家族" のエピソードを披露する

持ち前の責任感でがんばれ！

つかみ

新郎直樹の伯父、橋本和明でございます。直樹の父親に代わりまして、皆様にごあいさつを申し述べさせていただきます。

本日はご多用中にもかかわらず、多くの皆様にご臨席《りんせき》の栄を賜《たまわ》り、まことにありがとうございました。

また、ご出席者各位より丁寧なご祝辞や、楽しい催しまで頂戴いたしまして、新夫婦はもとより、親族一同まことにうれしく、心より感謝申し上げます。

展開

すでに幼い頃より、お世話になっておりました、○○商事の新庄様のごあいさつに触れられておりましたが、直樹と弟の雅史は、早くに両親を亡くしまして、父親の兄にあたります私の家にて育ちました。

二人ともまだ幼かっただけに、性格に陰を落とすようなことはないかと案じておりましたが、幸い私どもにも子どもが2人おりましたので、それはもう大変な賑やかさで、4人が兄弟同様に仲良く明るく育ってくれました。時にはケンカをした折もございましたが、それだけに分け隔てなく家族として過ごしてくることができたのでございましょう。

ことに直樹はいちばん年上の兄として、4人兄弟をよくまとめてくれました。兄弟ゲンカの際などは、4人分の責任を一人で引き受けて、私に叱られたようなこともございました。

POINT

はじめに父親代理である立場と、その理由を明確にしておきましょう。実の親ではないだけに、思い切って誉めるのも効果的です。

あるとき、４人が近くの空き地で野球をやっていて、私の下の子どもが近くの家の窓ガラスを割ってしまったことがありました。そのとき、直樹は一人でその家へ行き、自分が割ったのだと深く詫び、すぐにガラス屋へ走りました。私はあとでそのことを知り、感激しました。直樹はそんな子どもなのです。直樹は周囲から親代わりと呼ばれてはおりますが、20年余りを家族としてひとつ屋根の下に暮らし、今や私は直樹の父親のつもりでございますし、直樹もまた、そう思ってくれているものと思います。

そうしたわけで、本日はまことにうれしく、感慨《かんがい》無量《むりょう》でございます。直樹が持ち前の責任感によって聖子さんをよく支え、力いっぱい新しい人生を生きてほしいと願うばかりでございます。聖子さんもまた、とてもやさしいお嬢さんとお見受けしております。この二人が力を合わせていけば、必ずや幸せな家庭が営まれることでございましょう。

結び

しかし、そうは申しましてもまだまだ未熟な若輩者同士、今度とも皆様のいっそうのご厚情《こうじょう》、ご指導を賜りますようお願い申し上げます。

最後になりましたが、このよき日を迎えられたのは、すべてご出席の皆様のおかげでございます。重ねて厚く御礼《おんれい》を申し上げます。

本日は誠にありがとうございました。

若い兄ならシンプルなお礼のことばで

亡き両親に見せたい晴れ姿

つかみ

私は、新郎貴幸の兄で、森健一と申します。
ご覧のように若輩の身ではございますが、亡き父に代わりまして、皆様にごあいさつを述べさせていただきたいと思います。
本日はご多忙のところ、弟夫婦のために、このように多くの方々にお集りいただきまして、まことにありがたく、感謝の気持ちでいっぱいでございます。
また、新郎新婦に対する過分なお誉めのことばや、あたたかい励ましのおことばの数々、兄としてうれしく拝聴させていただきました。重ねて、厚く御礼《おんれい》申し上げます。

展開

本日、ご媒酌の労をおとりくださいました貴幸の高校時代の恩師、安木先生は、実は私にとりましても恩師でございます。高校時代にいただきました、ご指導に加え、またこのようなご厚志にまであずかり、お礼の申しようもございません。

私ども兄弟は、早くに父母を失いましたために、叔母夫婦によって育てていただきました。私たちを従兄弟とともに、ほんとうの子どものようにやさしくいたわり、養育してくださった叔母夫婦へのご恩は、生涯忘れえるものではございません。

一昨年、私が妻と結婚し、貴幸と3人で暮らしてまいりましたが、おこがましくも今私が貴幸の親代わりなどと称してごあいさつ申し上げられますのも、この叔母夫婦はじめ、ご媒酌の安木先生、そして本日ご出席くださいました皆様のご好意の

POINT

両親のないさみしさを強調しすぎないことが、養い親に対する心配りです。この機会に感謝のことばを述べましょう。


おかげでございます。

さて、弟の貴幸は、兄の私から見ましても、なかなか行動的で肝《きも》のすわった男ですが、またその一方でひどく情にもろい、やさしい面も持ち合わせています。亡くなった両親の位牌は長男である私の家にありますが、貴幸は私の家にくると、必ず仏壇の両親に線香をあげ、たまには両親の好物だった団子をあげて拝んでいます。

また、先日飼っていたインコが死んだ際、マンションの裏庭の土の中に墓を作り、ねんごろに弔ってやりました。貴幸はそれをあたり前のことだと申しますが、死に対して、誠実に向き合う素晴らしい姿勢だと尊敬したものです。

そして、新婦のゆかりさんは、容姿だけでなく、心もまことに美しくやさしい方です。貴幸はゆかりさんとともにあれば、きっと幸せな家庭を築き、充実した人生を送ることができることでしょう。二人の晴れ姿を、亡き両親にも見せたかったという思いがしきりにいたします。

結び

このように皆様から、あたたかいご祝福をいただき、貴幸の胸のうちには新たに心に期するものがあることと思います。しかしながら、まだ若輩の私の口から申すのもおかしいこととは存じますが、未熟な二人に、どうぞお力添えくださいますよう、お願いをいたすしだいでございます。

本日は、二人をお祝いくださいまして、誠にありがとうございました。

コラム

写真撮影時の注意点

挙式場内での撮影

厳粛な雰囲気をこわさないように気をつければ、許可をしてくれる式場も多くなっていますが、絶対に禁止という教会や式場も少なくありません。また「フラッシュ撮影は禁止」の場合もあるので、事前に必ず確認しておきましょう。なお、式場内は狭いので、撮影者が多くなって厳かな雰囲気を薄れさせないよう心がけましょう。

記念写真

新婦が和装ならば腰掛け、洋装ならば立つのが普通です。しかし、新郎よりも新婦のほうが背が高い場合は、洋装でも腰掛けさせます。そして、2人の上体は心持ち向き合うようにします。参列者一同の記念写真の場合の並び方は、中央から向かって左が新郎、右が新婦、新郎の左から仲人、新郎の両親、兄弟姉妹、新婦の右に仲人夫人、新婦の両親、兄弟姉妹、後列に親戚、友人、知人の順に並ぶのが一般的です。

仲人がいる場合

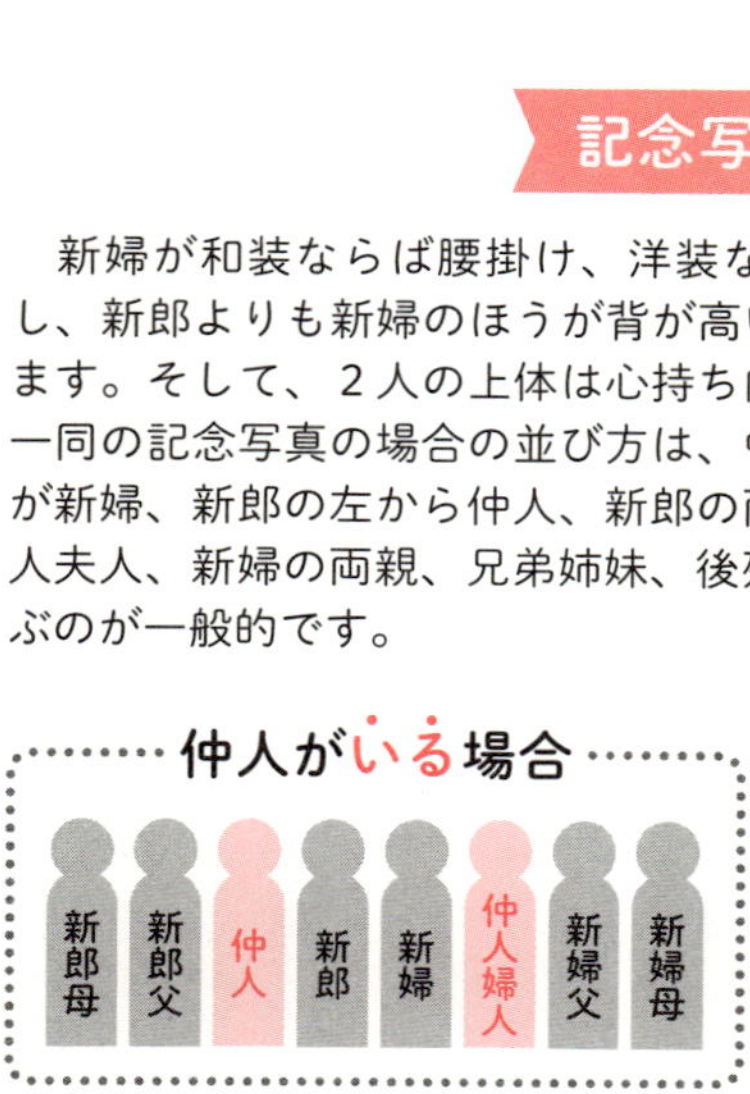

仲人なし場合

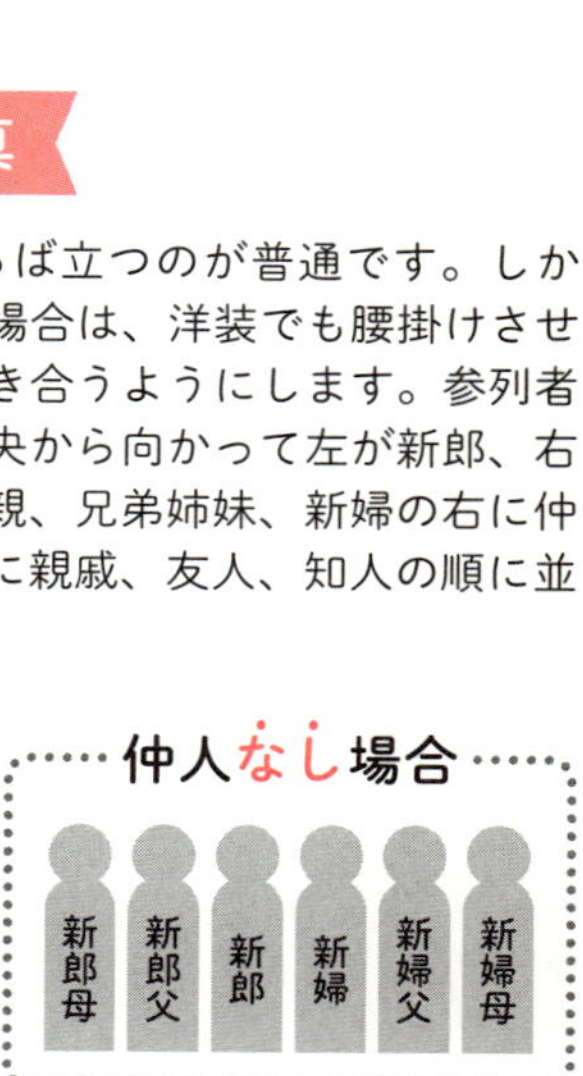

PART

3

親族のスピーチ

親族がスピーチを行うのは、新郎新婦の親代わりの立場としてと、それ以外の場合があります。親族であっても親族代表でない限りは、一般の来賓と同じように比較的自由に話してよいでしょう。伯父（叔父）や伯母（叔母）といった年長者にはある程度の格調高さが望まれることも多いようです。

親族のスピーチ
姪っ子のために！の巻
えっ私にスピーチ？
お願いっ おばちゃんにぜひやってもらいたいのー
よし わかった！ まか せて！
ありがとー
とは言ったものの……
親族のスピーチってどんな？
浮かばない…
例――
今日の○○のうれしそうな表情を見ておりますと本当によいご縁に恵まれ
むむー
うーん かたいなぁ
せっかくならもっと良子ちゃんに合ったスピーチを……
結婚スピーチ

◎アドバイス
幼い頃のエピソードを盛り込む
なるほど
幼い頃のエピソードならたくさんあるなぁ……
良子ちゃんは昔からよく慕ってくれていつも私が帰るとき姿が見えなくなるまで手を振ってくれましたね
カリ
カリ
ポタ──
ン
うっう本当に大きくなって……おめでとう……
当日──
良子ちゃん覚えているかな
おばちゃん……
うっ
うっ

両家代表でなくても親族は主催者側

新郎は会社の将来をたくす逸材

つかみ

新郎、順平の伯父、牧田道久でございます。

新郎の父、和夫の兄にあたります。僭越《せんえつ》ながら両家の親戚一同に成り代わりましてひとことお礼を申し述べさせていただきたいと存じます。

本日ご来賓の皆様には、公私ともにご多忙のところわざわざお運びくださいまして、新郎新婦はもとより、両親も、また私ども親戚一同も心から感謝いたしております。

新郎新婦両名は、先ほどチャペルにて、めでたく婚儀を果たしました。この喜びの日を迎えることができましたのは、ひとえに平素からの皆様のご厚情《こうじょう》のおかげと感謝の念にたえません。衷心《ちゅうしん》より厚く御礼《おんれい》申し上げます。

また、皆様からあたたかいご祝福、お諭しのおことばを賜《たまわ》り、両人にとりまして何よりのはなむけでございました。誠にありがたく存じます。

展開

ところで、順平の父親は現在○○株式会社という会社を経営いたしておりますが、新郎順平は、K大学を卒業と同時に、ここに入社。3年目の現在は、営業担当として活躍中でございます。スポーツで鍛えた丈夫な体を持ち、仕事に対する熱意は父親以上と、伯父の欲目かとは存じますが、会社の将来をたくすにふさわしい逸材であろうと期待しております。

順平は子どもの頃から父親を尊敬しておりました。「おとうさんは苦学して会社

POINT

新郎の伯父は、親族の筆頭格です。相手側とは初対面であることも少なくありませんが、その場合でも相手側に触れることを忘れずに。

を作り、がんばっている。ぼくはそんなお父さんは偉いと思う」と常々私に申しておりました。子は親の背中を見て育つと申しますが、順平は尊敬する父親の会社で、やがて、必ずや父親の意志を受け継いでゆくと信じております。

さて、新婦の美加さんにおかれましては、順平とは学生時代からのお付き合いということもあって、かねがね落ち着きのある聡明な方とうかがってはおりましたが、今日《きょう》初めて実際にお目にかかってみますと加えてたいそう美しく、おやさしい方とお見受けいたしました。

さぞや二人はよき夫婦となり、幸せな家庭を作りあげていくことでございましょう。願ってもない素晴らしいご縁に、私どもも誠に喜びにたえません。

結び

こうしていよいよ、二人は新しい門出の時を迎えたわけでございますが、順平にはこれまで以上に仕事に励み、また家庭においてもしっかりと夫の役割を果たして、常に美加さんの幸せ、そして二人の幸せのために、心を尽くしてほしいと願っております。

最後になりましたが両家の親族を代表いたしまして、ご出席の皆様に、この新夫婦に対するご指導、ご支援を賜りますよう心からお願い申し上げまして、私のごあいさつに代えさせていただきます。

本日は誠にありがとうございました。

両親も知らない一面を紹介する

腕白坊主でも親孝行だった新郎

つかみ

皆様、本日はご多忙のところをご参集《さんしゅう》くださいましてありがとうございました。厚く御礼《おんれい》申し上げます。

私は新郎文弥の叔父で、平田明彦と申します。先ほどから文弥に対しまして、ありがたいご祝辞や激励のおことばを賜り《たまわ》、新しい生活への門出にあたって、当人も心に期するものがあったことと存じます。

また、何かとおほめのことばも頂戴していたようでございますが、文弥が幼い頃からよく存じております私どもにとりましては、まだまだ若いばかりの未熟者で、心もとないところがございます。これから先、一家の柱として生きていく過程には思慮に余るような、手に負えない問題にぶつかる場合も多々あることだろうと存じます。そうした際には、皆様どうかよろしく、新郎新婦の力になってくださいますようお願い申し上げます。

展開

それにいたしましても、あの利《き》かん坊がいつも間にやら大人になり、こうして美しい女性をお嫁さんにできる日が来ようとは、まったく今昔《こんじゃく》の感にたえない次第でございます。

毎日ケンカやいたずらばかりして、いつも生傷の絶えないような腕白《わんぱく》ぶりで、傷だらけになったときは、当時は近所に住んでおりました私の家に、よく走って参りました。そして文弥の言いますのには、ケガをして帰ったところを母親に見られた

POINT

列席者にひととおりあいさつを述べてから、新郎の幼い頃のエピソードを語ります。親しみを込めたあたたかい口調を心がけましょう。

くなかったのだそうでございます。母親は病弱でございましたので、心配をかけまいという、幼いながらもそれが文弥の男気《おとこぎ》だったのでございましょう。

やがてその母親も亡くなりましたが、文弥は明るさを失うことなく、弟妹の面倒をよく見ておりました。文弥が一生懸命やってくれるおかげで、暗くならずにすんだ、と彼の父親が私にもらしたこともございました。

文弥は小さい頃から親孝行な子どもでした。先ほども申しました通り、母親や父親に心配をかけたくないというやさしい子どもでした。昔から親孝行者に悪人はいないと言われていますが、文弥は善人そのものです。そのうえ、仲間を引っ張ってゆく力があり、仲間の相談相手になってやる男気があります。ですから、仲間や誰からも好かれます。それが文弥の人徳だと思い、叔父の私など文弥を見習いたいくらいです。

新婦の京子さんも、文弥のそうした男らしさに惹かれたと、先ほどお友だちのスピーチで聞かせていただきましたが、ほんとうにありがたいことと存じます。

結び

文弥は京子さんとともに、きっと素晴らしい家庭を築くことと思います。しかし、長い人生には楽しいことばかりでなく、つらいことも起こりましょう。そうした折には、どうか皆様二人にお力添えをくださいますようにお願いいたします。

さあ、しっかりと、明るい家庭を作っていってください。期待しています。

実体験からの夫婦円満の秘訣を語る

思うことは必ず口に出して

つかみ

ご紹介にあずかりました、新郎、剛志の伯母の森山達子でございます。

本日は、もうすっかりおよばれ気分で、お雛様のようにかわいらしい二人を眺めながら、のんきにいたしておりましたのに、厳しい司会者の方によって、ついに立たされてしまいました。

ともあれ、親族の一人といたしまして、皆さまへのお礼を述べさせていただきとうございます。

皆様、本日はお忙しい中を新郎新婦のためにお集りくださいまして、ありがとうございました。さらには、心あたたまるたくさんのご祝辞を頂戴し、誠にうれしく存じます。

展開

なかでも特に、お友だちの方々がお話くださいました、二人のステキなエピソードや励ましのおことばには、私も自分の若き日を回想して、感激もひとしおでございました。誠に若さ、そして若い皆様方の友情は、何にも増して尊《とうと》いものに感じられます。

このように多くのお友だちや、諸先輩方に祝福され、しかも相思相愛の仲でご一緒になられたのですから、お二人はこれ以上幸せな夫婦はいないと、しっかり自覚してください。そうして、ささいなことではけっしてケンカなどなさらず、常にお互いを慈《いつく》しみ、尊重し合って、すてきな家庭を築いていっていただきたいと思いま

POINT

親族の中では女性を代表する立場ですが、形式通りのあいさつよりも、生活に根差した女性らしいアドバイスが喜ばれます。

す。

このような場で、私どものような老夫婦の話を持ちだしますのも、いかがとは存じますが、私と夫は連れ添ってかれこれ20年余り、ほとんどケンカらしいケンカをしたことがございません。人によっては、夫の人間ができすぎているとか、単に私が鈍いだけとか、いろいろなご意見もあることはあるのですが、最近になって私どもが一つの秘訣をつかんでいたことに、思い当たりました。

それは、常に思うことを口にするということでございます。平たく言えば秘密を作らない、また悩みを一人で抱え込まない、ということになりましょうか。とにかく二人で話し合う機会を、できるだけ多く持つことが大切なのです。

結局、夫婦がうまくやっていくためには、それしかないのではないでしょうか。まったく違う生活を送ってきた、別々の人格を持つ人間が、ひとつ屋根の下に住むのです。お互いを理解する気持ちがなくてどうして暮らしていけるでしょうか。

そのためには、とにかく話すことしかありません。

結び

思いつくままにしゃべらせていただきましたが、きっと剛志さんも百合子さんも、よくわかってらっしゃることなのだと思います。それでも、私のできる精一杯のはなむけのことばとして、どうか受け取ってください。

剛志さん、白合子さん、どうぞ末永くお幸せに。

新郎の素を感じられるエピソードを

長所でもお人好しはほどほどに

つかみ

新郎正司の叔母、杉下道子でございます。

皆様には甥の結婚式を、このように華やかに明るくお祝いくださいまして、誠にありがとうございました。

そのうえ、あたたかいお祝いのおことばや、励ましのおことばをたくさん頂戴し、心からお礼を申し上げます。

そして正司さん、理奈さん、本日はおめでとうございます。

展開

私が東京に住んでおります関係で、正司さんは大学の４年間を、私の家で家族とともに暮らしておりました。当時私は自分の甥とはいえ、人様の子をお預かりしたということで、たいそう緊張し責任も感じておりましたために、何かと正司さんに口出しし、さぞかしうるさいおばさんと、けむたかったのではないかと思います。

何ぶんにも若い男性のこと、「あんまり口うるさくすると、お兄ちゃんアパートを借りて出て行ってしまうわよ」などと娘までが心配して私に忠告するような場面もあったのでございますが、どうやらそれも杞憂《きゆう》に終わり、正司さんはそんな素振りもみせず、わが家の一員として４年間をまっとうしてくれました。

それどころか、当時高校入試を控えていた私の娘に、家庭教師代わりに勉強を教えてくれたり、ときには遊び相手にもなってくれたようで、娘は「お兄ちゃんお兄ちゃん」と正司さんを慕い、私ども夫婦も息子ができたような気がして、ずいぶん

POINT

新郎をよく知る叔母として、長所短所に触れます。忠告する場合も愛情を持って。また、新婦への呼びかけを入れると親しみがでます。

と楽しい時を過ごさせてもらいました。

それだけに今日《こんにち》、正司さんの晴れ晴れとした姿を見るにつけ、まるでわがことのようにうれしくて、感激で胸がいっぱいになってしまいます。

正司さんはほんとうに気持ちのやさしい子です。ですが一つだけ理奈さんに忠告と申しますか、お願いしておかなければならないことがございます。それは、正司さんがやさしい性格ゆえに、人がよすぎるということなのです。人間関係を円満にする、素晴らしい素質だとは思うのですが、これからさらに社会の荒波にもまれていくうちにそれがあだとなり、大きな損をしないとも限りません。いいえ、これまでにも、いろいろ人にだまされたり、裏切られたりしたことがありました。でも正司さんはそれを愚痴らず、「だますより、だまされるほうがいいよ」と申すのです。人間は人をだますようになったらそれこそ最低です。でもだまされるお人好しにも限度があります。そうですよね、理奈さん！

結び

私は正司さんのそういうところを大変好ましく思うのですが、うるさいおばさんの忠告として、ぜひとも耳に入れておいてほしいと思います。理奈さん、どうぞよろしくお願いいたします。

まとまりのないあいさつとなりましたが、お詫びを申し上げ、結ばせていただきます。

身内だけの場合は列席者へのお礼は不要

新郎のドジが結果として幸運に

つかみ

健吾君、舞衣子さん、ご結婚おめでとうございます。

私は新郎山口健吾君の義理の兄で、吉田櫂と申します。本日は身内の者だけの披露宴ということですので、口べたな私もなんとかリラックスしてお話をさせていただけそうで、ほっとしております。

私の妻、翔子が健吾君の姉にあたるわけですが、体の不調のために、弟の結婚式に出席できず、大変残念がっておりました。くれぐれもよろしくとのことでした。また、健吾君に手紙を預かってきておりますので、あとでお渡しします。

私どもは、東京に住んでおりますので、山口家の皆様にお目にかかる機会はそう多くはございません。健吾君とは、彼が東京の大学を卒業し、こちらに帰って以来ということになりますから、5年ぶりの再会ということになります。

展開

健吾君は、大学に在学中は、私どもの家の近くにアパートを借りて住んでいたわけですが、入学試験の際は2週間ほど私どもの家に滞在し、試験に通っておりました。今日《きょう》はそのときのエピソードをお話しようと思います。

それは、健吾君が卒業した大学の入学試験の日のことでした。この大学は、健吾君の本命校でもございまして、彼はずいぶんと緊張した面持ちで出かけていきました。妻と二人で心配し合っておりましたら、案の定、健吾君はいちばん大切な受験票と筆記用具を机の上に忘れていってしまったのです。

POINT

二人の出会いのエピソードから新郎の人柄をしのばせます。失敗談の場合は、くすっと笑えるものになるよう配慮が必要です。

なんとまあドジな男よ、と皆様お思いになられることと思いますが、ここからが健吾君の真骨頂。

会場に着いて受験票のないことに気づくと、慌てず騒がず、実際は心中穏やかではなかったとは想像されますが、とにかくすぐに事務所へ駆け込み、資格の確認を受けて無事に試験場に入ることができました。

さらに筆記用具のほうは、図々しいことに、同じ試験場にいたいちばんかわいい女性に頼み込んで借りたというのです。そして、その女性が新婦の舞衣子さんだったわけです。舞衣子さんを紹介されたときは、それはもうびっくりいたしました。縁というのは本当にどのような形で結ばれているものか、つくづく人の巡り合いの妙に驚いております。

結び

健吾君は、ドジとちゃっかりをミックスしたようなキャラクターの若者です。まるでマンガの主人公のようです。そのキャラクターの魅力で健吾君は皆からも好かれているようです。それは健吾君の財産だと思いますので、大事にしていってほしいと思います。それに健吾君はおそらく、なかなか強運の持ち主であろうと思われます。舞衣子さんというよき伴侶を得て、持ち前の若い大胆さがいよいよ花開くことを期待しています。

どうか、末永くお幸せに！

新郎の性格をネタに新婚生活へ助言を

家事は二人で分担して

つかみ

私は新郎輝昭さんの兄、一郎の妻でございまして、原志乃と申します。本来、こうした高い席からお祝いのことばを述べる立場ではございませんが、私にお鉢がまわって参りましたので、ふつつかながらごあいさつを述べさせていただきます。

展開

私の主人が原家の3人兄弟の長兄でございまして、輝昭さんが末っ子。歳はちょうど一回り、12違いの弟にあたります。主人は小さい頃からずいぶんと輝昭さんをかわいがっていたそうですが、私どもが結婚してからも、たびたび輝昭さんが遊びにみえて、相変わらず仲のよい兄弟ぶりです。私は一人っ子だったものですから、輝昭さんのような弟ができたことがとても嬉しゅうございました。

ただ、輝昭さんが遊びに来てくれるのは大歓迎の私どもだったのですが、一つだけ、そのたびに主人と顔を見合わせ、あきれてしまうことがありました。それは輝昭さんが、両手に抱えきれないほどの洗濯物を持ってくることなのです。よくもまあ、こんなにため込んでとあきれるほどの量で、その日一日洗濯機を回しっ放しというありさまでした。

ところが、この半年ばかりでしょうか。輝昭さんが洗濯物を持ってこなくなりました。心配して聞いてみると、「うん、まあ、コインランドリーがあるから」という曖昧な返事。そうこうしているうちに、私どもの家にくる回数も次第に少なくなって参りました。これは何かありそうだな、と思っているところへ、いつになく緊張し

POINT

親族だからといって堅苦しいあいさつをする必要はありません。新郎新婦のエピソードを中心に一般の来賓に近い形でもOKです。

た顔をして、輝昭さんが現れました。例によって「洗濯物は?」と聞きますと、輝昭さんは後ろを振り返って美しいお嬢さんを招き入れるのです。それが、新婦の美紗さんでした。

似合いのカップルを見て、きっと二人はいい夫婦になるだろうな、とそのときにピンとくるものがありました。ほんとうによかったと思う反面、なんだか輝昭さんが私どもの手を離れていくようで、寂しい気もいたします。しばらくは二人きりでいたいことでしょうけれど、落ち着いたら今度はぜひ、夫婦そろって顔を見せに来てほしいと思っています。

美紗さんは輝昭さんの会社の後輩で、一緒にお仕事をされているうちに恋が芽生えたとのことですが、それ以来、美紗さんが輝昭さんの洗濯物をすべて洗われているそうですね。それが私どもへ洗濯物を持ってこなくなった理由だったのです。ところで美紗さんにお願いがあります。輝昭さんはきっとやさしいご主人になるはずですからきちんと家事を分担して、特に洗濯物はしっかり手伝ってもらうようにしてください。

結び

なんだかおかしなあいさつになってしまいましたが、輝昭さん、美紗さん、幸せな家庭を作ってください。

お二人なら、きっとできると信じています。

外見を入り口にして内面もほめる

小さい頃から人気者だった新郎

陽一君、おめでとう。彩乃さん、おめでとうございます。

私は新郎陽一君の従兄弟にあたります、並木勉と申します。

陽一君は、私よりも2歳年下なのですが、お互い近所に住んでおりましたので、子どもの頃から実の兄弟のように仲良くしてまいりました。陽一君は一人っ子、私のほうは姉と妹で、男の兄弟がなかったせいもあり、野球にしろ、テレビゲームにしろ、いつも一緒に遊びまわっていたことが思い出されます。

つかみ

私にとって、いつもちょこちょことつきまとってくるかわいい弟分の存在は、なかなか悪いものではなく、何かにつけて面倒を見てはいい気分になっていたのですが、そのうち妙なことに気がつきました。

陽一君の周囲には、いつも女の子が何人かくっついているのです。その中には、なんと私の妹まで入っていたのですが、それにひきかえ私の方は、やんちゃ坊主の集団の一人にすぎなかったというわけです。

妹にそれとなく聞いてみますと、「だって、陽一ちゃんハンサムなんだもん」と一言。かくして私は陽一君のおかげで、幼いながら人生の悲哀《ひあい》をいやというほど知らされることになりました。

展開

これまで女の子にまったくモテた経験のない私に比べ、陽一君は小学校、中学校と進むにつれ、さらにハンサムが目立ち、しかも性格がやさしく、成績優秀という絵

POINT

自分と比較して新郎を誉めるのもよい方法です。親しい間柄であり、従兄弟ならば、友人のようなあいさつがよいでしょう。

に描いたような「理想の男の子」の看板を掲《かか》げ、そのモテること、モテること。他の学校にも彼のファンがいたと聞いております。もう、このあたりで陽一君と自分を比較するのはやめにいたしましょう。

さて、新婦の彩乃さんですが、これまた陽一君に負けず劣らずの美しい方で、初めて彩乃さんを婚約者として紹介されたときは、正直心配になってしまうほどでした。何しろご覧のような美男美女ですから、恋人同士としては文句ないとしても、はたして夫婦になったらどうだろうか。そんなふうに思ったのは私だけではないと思います。

しかし、陽一君は皆様よくご存知とは思いますが、顔に似合わず誠実で、きわめてまじめな男でもあります。彩乃さんもまた話しをしてみますと、うわついたところのない、しつかりした方のようなのです。これは意外と堅実な夫婦ができあがるのではないかと、今はそんなふうに思っております。

結び

ところで、陽一君。君は年上の僕がまだ独身でいることを忘れてはいないだろうね。君は僕より先に結婚して、人生の先輩になったわけだから、僕にもまたよい伴侶が見つかるよう、ぜひ力を貸してほしいと思う。わかったね。

お二人の家庭生活が、明るく楽しいものとなるように祈っています。

どうかいつまでもお幸せに！

年下らしくさわやかで愛嬌ある話に

女性の射止め方も教えて！

つかみ

紘一兄さん、それから志摩子さん、今日はおめでとうございます。

僕は新郎夏木紘一さんの従兄弟で、夏木文太と申します。紘一兄さんのことは小さい頃からずっと兄さんと呼んでおりまして、少なくとも私の方は、ほんとうの兄弟のようなつもりでいる不肖《ふしょう》の弟であります。ですから今日《きょう》もこのまま兄さんと呼ばせていただくことをお許し願いたいと思います。

展開

紘一兄さんはいつも私の目標であり、先輩だったけれど、こんなにきれいなお嫁さんをもらえるなんて、ますます尊敬してしまいます。

紘一兄さんが大変な努力家であることはよく知っているし、見習いたいと思ってきた僕ですけれど、生来なまけものの私は、何でもすぐ途中で投げだしてしまうので、いつも兄さんにあきれられてばかりいました。でも今度という今度はもう絶対途中で投げだすようなことはしません。

だからぜひ、どんな努力をすれば、志摩子さんのようなステキな女性を射止められるものか、今度、僕にだけじっくりと手取り足取り教えていただきたいと思っています。

紘一兄さんは僕にとって兄貴であり、先輩であり、先生であり、遊びも勉強も、またよいことも悪いことも、あらゆることを教えてくれる、いわば人生の先達《せんだつ》のような人です。

POINT

子どもの頃のエピソードで、人生の先輩である従兄弟を誉めて、さらりとしたユーモアでまとめます。お礼のあいさつなどは不要です。

例えば夏休みの宿題は、国語や算数をはじめ、図工やら作文まで、そのほとんどで兄さんの手を煩《わずら》わせ、それが終われば今度はプールに行って水泳を教えてもらったり、あるいはセミ取りに連れて行ってもらったり、と数え上げればきりがありません。しかもその間に、紘一兄さんはきちんと自分の勉強も済ませてしまうのですから、今考えてみても感心してため息が出てしまいます。

とにかくこんなに何でもできる紘一兄さんが、僕だけの兄貴役では、何だかもったいないと思っていたのですが、やはり大学生のときは家庭教師のアルバイトをしていましたし、卒業後は迷うことなく教師の道を選んでくれました。

教師という仕事は子どもたちに勉強を教えたり、一緒になって遊んだり、時には相談相手になったり、紘一兄さんにとってはまさに天職ではないか、と僕には思えるのです。今はまだ新米の先生ですけれど、これからますます活躍することと思います。

結び

そのうち僕の子どもも兄さんの学校に入れて、指導してほしいと思います。しかし、その前に、僕も結婚しなければなりませんので、先ほどお願いした女性の射止め方、なんとしてもご教授のほどお願いいたします。

お二人が、明るく、楽しい家庭生活を送られるよう祈っております。

今日はおめでとうございました。

兄としての祝福と励ましのことばを

自力で解決する独立心の強い弟

新郎中村慎助の兄、晴樹と申します。慎助と園子さんに、たくさんのご祝福をいただき、ありがとうございます。慎助の兄として心からお礼を申し上げます。

さて、新郎の慎助でございますが、私とは2つ違いの弟でございまして、まあ小さい頃からケンカもずいぶん、それこそ数えきれないほどして参りました。またそれだけに、慎助のことは私がいちばんよく知っているつもりでいたのですが、先ほどから、慎助のお友だちや、先輩、職場での上司の方々のお話をうかがって、いろいろと私の知らなかった慎助の姿を知ることができ、喜んだり、驚いたりしているところです。

私たち兄妹は父を早く亡くしましたので、どんなことも母と3人で力を合わせ、乗り越えて今日《こんにち》まで参りました。そうした環境のおかげかと思いますが、慎助は小さい頃から独立心が非常に強く、何か困ったことがあっても、けっして人に頼ろうとせず、母にすら頼らず、必ず自分で方策を考え、問題を解決するといった子どもでした。

また、高校卒業後は家庭からの援助もないままアルバイトなどで学費や生活費を稼ぎ、ほとんど独力で大学を終え、○○社に就職して今日《こんにち》にいたるわけですが、その間、私どもに助けを求めてくることは一度もございませんでした。先ほど、会社

つかみ　展開

POINT

新郎とは親しい関係なので、フランクなことばでかまいません。ただし、親族代表の場合には、亡き父に代わって列席者に感謝を述べます。

の上司の方が、慎助の責任感をお誉めくださいましたが、あるいはそれも慎助の独立精神に起因するのかもしれません。そうであるとしたら、私は兄として大変喜ばしく存じます。

新婦の園子さんは、とてもおだやかな、やさしい心を持った女性です。保育士をなさっているのがいかにもぴったりで、慎助も園子さんの勤務中の様子を拝見して心が決まったと申しておりました。

慎助はまじめなのはいいところですが、裏を返せばひどく頑固なところのある男です。それだけに、園子さんのようなやさしい方は、慎助にとって願ってもない伴《はん》侶《りょ》でございましょう。

結び

園子さん。慎助はわが弟ながら、非常に頼りがいのある男です。どうか思いっきり頼りにしてやってください。そうすればますます家庭に生きがいを感じ、がんばってくれるはずです。

慎助は園子さんのために、そして園子さんは慎助のために、幸せな家庭を築くよう、二人で努力を続けてください。

ご出席の皆様、どうか今後とも、若い二人をご支援くださいますよう、よろしくお願い申し上げます。

本日はありがとうございました。

謙遜しながらも愛情あふれるスピーチに

未熟な弟ではありますが…

つかみ

ただいま司会の方からご紹介にあずかりました、新郎近藤健太の姉、小林奈緒美と申します。

今日《きょう》は皆様、弟と新婦みどりさんのために、お忙しい中をご列席くださいまして、誠にありがとうございます。姉の私からも、心からお礼を申し上げます。

展開

さて、本日の弟は新郎ということで、あのようにひな壇にそえられてすましておりますが、これが幼少のころは大変な腕白《わんぱく》で、私までがその影響を受け、いささか人生を誤ったような気さえいたしております。

私どもは2人だけの姉弟でございますが、ご覧のように年齢が離れておりますので、母が亡くなりましてからは、私は姉と申しますよりは、母親の立場として健太に接してきたようなところがございます。

具体的にどういうことかと申しますと、健太のケンカの後始末、いたずらのお詫び、父親への弁明と、まあこういったところでしょうか。

おかげで私はいつも弟を追いかけて走り回ったり、大声を出したりしておりましたために、女であることをかえりみている暇がございませんでしたので、このように少々、荒々しいおばさんになってしまいました。

あれから十数年たちました今でも、利《き》かん坊の息子を2人抱え、同じ過去を繰り返しております。

POINT

愛情ある身内ならではの悪口で、新郎の人間味を出すのもいいでしょう。親しい関係ならではのスピーチにしましょう。

それでも、私たちが母亡き後も、こうしてつつがなく日々を過ごし、このようなよき日を迎えることができましたのは、一つには本日ご出席の皆様のお力添えのおかげでございます。

重ねてお礼を申し上げたく存じます。

そしてもう一つ理由があるとすれば、健太自身がくじけることなく、明るく元気に育ってくれたからであろうと思われてなりません。

腕白坊主も今ではどうにか一人前の会社員らしくなり、生意気にも会社ではフェミニストを自認しているとか。

残念ながら私の前では、いっこうにそうした素振りを見せる気配がないのですが、他ならぬみどりさんには、ずっと変わらぬやさしさを見せてくれることと思います。

結び

みどりさん、そしてみどりさんのご両親様、ご家族、ご親族の皆様。わがままなうえに、しつけもいたらない未熟な弟ではございますが、どうぞよろしくお願いいたします。弟もみどりさんの幸せのために、精いっぱい力を尽くす覚悟でございましょう。

ご臨席《りんせき》くださいました皆様にも、新しい門出を迎えました弟夫婦に、何とぞご助力くださいますよう、重ねてお願い申し上げます。

本日は、誠にありがとうございました。

新郎の父親
新郎の母親
新婦の父親
新婦の母親
新郎の親代わり
新郎の姉
新婦の従兄弟

弟の茶目っ気たっぷりに場を盛り上げる

究極のライバルである兄さんへ

つかみ

新郎啓一郎の弟、啓吾です。

本日の兄の喜びにあふれた顔を見ておりましたら、なんだか私も早く結婚したくなってしまいました。予定としては3年後くらいに……などと悠長に考えていたのですが、今すぐでも構わないような心境になっております。

ご来席の方の中で、結婚相手をお探しの女性をご存知の方がいらっしゃいましたら、ぜひご一報ください。当方はただいま24歳。いたって健康、きわめてまじめな社会人2年生です。

展開

と、私のPRはこのくらいにして、そろそろ今日《きょう》の本題である新郎に話を戻しましょう。

私にとって兄さんという人は、人生の究極のライバルです。と申し上げたら少々オーバーに聞こえるでしょうか。しかし、私が生まれて間もなく、母の寵愛《ちょうあい》を競い合う宿命のライバルとして出会い、それから24年間、あらゆるものを競い合いながら、生きてきたような気がします。

学校の成績は兄さんの方がややよかったかもしれない。でも、スポーツは何でも、私の方が得意でした。

そもそも年が上だというだけで、兄さんは私より優《まさ》っていた。そして私もまた、年が下だということだけで、兄さんに優るところがあった。何にしても堂々巡り。

POINT

年下である弟が、新郎を悪く言って盛り上げる場合、見下すようなことばにならないよう注意しましょう。表情は終始にこやかに。

だからこそ、お互いにライバルと認め合える。そういうことだと思います。兄さんもきっとそんなふうに感じてくれていることと思います。

それにしても、女の子には、私の方が圧倒的にモテたはずなのです。それなのになぜ、兄さんが私より先に結婚するのでしょうか。

なんだかまた私のPRになってしまいそうですが。

でも、今日ばかりはあっさりと私の負けを認めましょう。今日ばかりはかなうはずがないのです。何しろ兄さんの隣で、光彩を放っている新婦の優樹菜さんがまぶしすぎます。これでは私一人では、とても太刀打ちできません。

実際、今日から優樹菜さんを姉さんと呼べるのだと思うと、なんだかひどく幸せな気分です。優樹菜さん、こんな調子のいい弟ではありますけれど、どうか、よろしくお願いします。兄さんが、よい夫となるのと同じくらい、私もよい弟になれるだろうと確信しています。

結び

いささか乱暴なあいさつではございましたが、どうか許してください。

最後に、兄さんたちはこんなに多くの皆様の祝福を受け、ほんとうに幸せな夫婦だと思います。

皆様、ありがとうございました。

兄に代わって私からもお礼を申し上げます。

新郎新婦それぞれに素直に向き合って

兄と今日から姉になる親友へ

お兄さん、夏菜お姉さん、おめでとうございます。

お姉さん、なんて吹き出してしまいそうです。私は本日の新郎の妹であるとともに、新婦の友だちでもあります。


楽屋裏のお話を披露いたしましょう。

実は新婦の夏菜さんは、私の高校時代の同級生でした。たまたま3年間クラスが同じだったものですから、とても親しくしておりまして、お互いの家への行き来も、頻繁にしておりました。高校生のことですから、試験だといえば一緒に試験勉強だ、終わったといえば打ち上げだ、と会う材料にはなにかと事欠かなかったわけです。

そして、夏菜さんが来るといつもお兄さんが、お茶やお菓子を持って私の部屋に現れます。最初はわけがわからなくて、そのサービスのよさに二人であぜんとしてしまいました。

そのうち、勉強を教えようなどと言い始め、次第に長居をするようになっていきました。もちろん、勉強を教えてくれるというのは口実だと、私もだんだんお兄さんの気持ちがわかってきたのですけれど、あまり話も面白くないし、私が気を利かせて席を外したりすると、夏菜さんが困ってしまうのじゃないかしらと、そう思ってそのまま3人で、おしゃべりをしながら過ごしたりしていました。

展開　つかみ

POINT

兄と友人の結婚を喜ぶ、率直な気持ちを話しましょう。ことばの飾りすぎは禁物です。等身大のことばにこそ本心が表れます。

そのときのお兄さんの顔といったら、明らかに私が邪魔で、「早く退散しろ！」という表情が見え見えでした。お兄さん、その節はお邪魔様でした。

やがて、高校を卒業すると、私たちは別々の大学に進みました。これで、いよいよ邪魔者がいなくなったわけです。それから先の、お兄さんと夏菜さんの関係については、もはや私の介入の余地はございません。お兄さんのお友だちの岡本さんのスピーチにもあった通り、押しの一手でお兄さんが夏菜さんを口説き落としたと聞いています。

でも、私はその話を聞いてとても感動してしまいました。お兄さんはとても男らしいし、夏菜さんもそこに参ったといっていました。そんなふうに熱烈に思ったり、思われたりできるなんて、人間って素晴らしいな、なんて。ここまで言うと少々、大げさでしょうか。

結び

お兄さんも、夏菜さんも、今日はとってもステキです。ささやかながら、私も二人の縁結びのお役に立てたんだ、と思うととてもうれしくなってしまいます。

夏菜さん、私のただ一人の兄妹のお兄さんをよろしく。
そしてお兄さん、私の大切な友だちの夏菜さんをよろしく。
どうか、あたたかい、楽しい家庭を作ってくださいね。

おめでとうございました。

形式的になりやすいあいさつに彩りを

かわいい姪をどうぞよろしく

つかみ

私は新婦の父親の兄でございまして、西田京助と申します。

本日は新郎大辻重信さんと、新婦舞彩の門出にあたり、かくも賑々《にぎにぎ》しいご参集を賜《たまわ》りまして、誠に光栄でございます。身内の一員といたしまして、厚く御礼《おんれい》申し上げます。

展開

重信さん、舞彩ちゃん、今日《きょう》はほんとうにおめでとう。

ご出席の皆様から過分なおことばを頂戴し、二人とも冷や汗をかいているのではないかと思います。今日ばかりは少し点数を甘くして、長所のみを取り上げてお誉めくださったものかとは存じますけれども、正直申しまして、身内として私もまた大変うれしゅうございました。

私たち夫婦には男の子が２人あるのでございますが、ついに女の子には恵まれませんでした。そのため、弟夫婦に舞彩ちゃんが生まれたときは、本当にうらやましくてなりませんでした。もしまた次に、舞彩ちゃんの妹でも生まれていたなら、うちの腕白《わんぱく》坊主のどちらかとトレードしてもらうか、などと本気とも冗談ともつかないことを家内と話し合ったりしたものでした。

しかも舞彩ちゃんは、会うたびに愛らしく成長し、そのうえ本当に素直な、心やさしい女の子に育っていったのですから、私どもにとっては、まさに垂涎《すいえん》の的でございました。

POINT

誉めるときには徹底的に誉めるのも一つの手です。新婦を思う伯父の気持ちが列席者にも伝わることでしょう。

それでも、やさしいだけの女の子ではなく、大変芯の強い子でもあったのです。ことばを替えれば頑固者ということでございましょうか。

それはまさしく父親ゆずりなのです。舞彩ちゃんが子どもの頃、夏休みに朝のジョギングをやろうということになり、いざ始めると、皆は三日坊主でしたが、舞彩ちゃんだけは最終日まできちんと一人で黙々と走り続けました。

そんな舞彩ちゃんのことですから、たとえ苦境に陥るようなことがあったとしても、持ち前の強さとやさしさで重信さんをよく支え、うまく乗り切っていってくれることだろうと思います。

しかし、そうは申しましてもまだまだ若く、経験も積んではおりません。何かにつけて、皆様のご指導を仰ぐ場面もあろうかと存じます。どうかその際は、よろしくお力添えくださいますように、お願いをいたします。

結び

このように申し上げましては、皆様のひんしゅくを買うこととは存じますが、舞彩ちゃんは私どもにとっても、ほんとうにかわいいかわいい姪でございます。どうか重信さん、舞彩ちゃんをよろしくお願いいたします。

舞彩ちゃんも、重信さんを大切にして、よい家庭を作ってください。

お二人の幸せを祈っております。

本日はおめでとうございます。

幼い頃をよく知る叔父ならではの話を

おてんば娘が素晴らしい花嫁に

つかみ

本日はご多忙のところをわざわざお運びいただきまして、新郎新婦の晴れの門出をお祝いくださり、誠にありがたく存じます。心よりお礼申し上げます。

私は、新婦真弓の叔父にあたります、大村信行と申します。

子どもの頃から真弓をよく存じております私は、今こうして花嫁衣装に身を包み、皆様からの祝福のおことばにほほを染め、うつむき加減でいる真弓を見ていると、つくづく、時の流れというものを感じてしまいます。

展開

小さいときの真弓ときたらそれはもうおてんばで、茶目っ気たっぷりのお嬢ちゃんだったのです。

私が真弓の家を訪れるたびに私の膝に乗っては飛びまわり、テーブルの上のビールを倒すわ、お皿は割るわ……。そうそう、ケガをした猫に、絆創膏《ばんそうこう》を貼ろうとして、私まで一緒に散々引っかかれたこともありました。

それが高校、大学と大きくなるにしたがって、手に負えないやんちゃぶりはすっかり影を潜《ひそ》め、別人のように女らしくなってしまうのですから、女性とは不思議なものですね。今では家を訪ねてもビールをこぼすどころか、しとやかな手つきでお酌までしてくれるのですから、大変な変わりようです。

ことにここ1、2年の真弓は、なんだかまぶしいような美しさと色気が増してきたような気がします。武君というすばらしい男性に出会ったことが、真弓をこんな

POINT

新婦の人柄をしのばせる、幼い頃の明るく楽しいスピーチを選びましょう。初めて会う新郎にも、話を向けられるとさらに◎。

にも磨いたのかと思うと、うれしい反面、なんだか寂しいような気さえしてしまいます。

妙なことを申し上げて恐縮です。

新郎の武君は、実は今日《きょう》初めてお目にかかったばかりで、なにしろご本人も真弓と並んですましているしかないわけですから、まだどんな方なのかよくはわからないのですが、中国の名言に「その人を知らされば、その友を見よ」というのがあります。ご存知でしょうか。

武君の上司の方やお友だちのスピーチを聞いておりまして、このことばを思い出しました。皆様楽しく、そして豊かな思いやりをお持ちの方ばかりで、武君が周囲の皆様に恵まれた人であることがよくわかりました。

よい友だちに囲まれた人物は、おのずからその人柄もわかるものなのです。安心して、真弓を武君におまかせいたします。

結び

とは申すものの、これからの二人の人生は山あり、谷ありだと思います。それを乗り越えてゆくには、二人がお互いに思いやり、励まし合い、手をたずさえてゆくことが肝心《かんじん》です。昔から「百里の道も一足から」ということばがありますが、二人が力を合わせて、素晴らしい家庭を築くよう祈っております。

本日はおめでとうございます。

結婚生活の実用的なアドバイスを送る

夫婦の会話を続けてお幸せに

つかみ

新郎の伯母、大橋杏子と申します。

本日はお忙しい中、しかもあまりよくないお天気でございますのに、皆様よくおでましくださいました。このように大勢のご臨席《りんせき》を賜《たまわ》り、さらにはご厚情《こうじょう》あふれる祝賀の数々を頂戴いたしまして、新郎新婦同様、私までが感激いたしました。心からお礼を申し上げます。

展開

姪のなつみでございますが、このたびは伯母の私といたしましても、まるで実の娘を嫁にやるような気持ちでございまして、落ち着かず、そわそわとしております。私どもに子どもがないためではございますが、なつみは幼い頃から、私たち夫婦に娘同様に、よく慣れ親しんでくれました。

伯母と姪、という立場の気安さもあったのでしょうか。「お母さんには秘密ね」などと言ってずいぶんいろいろなことを話してくれたものでした。そうした関係で、私は晴臣さんのことも、なつみがお付き合いを始めた頃から、なつみに幾度となく聞かされ、存じておりましたので、今日《きょう》のこのおめでたい席を格別にうれしく感じております。そして、その親しい間柄であるだけに、今日は皆様にお誉めのおことばばかりかけていただいている二人に、少しだけ厳しい、現実的なことを申し上げようかと思います。

つまり、こうして皆様の祝福を受け、はなばなしく出発をいたしましても、長い

POINT

あいさつに天気を入れる場合は、その日の天気に合わせて臨機応変に。あらかじめ何パターンか準備しておいてもいいでしょう。

結婚生活の間、いつまでもこの夢のような、幸せな気分にひたって暮らしていけるわけではない、ということです。

人生には季節と同じように、春があり、夏があり、秋、冬と乗り越えていかなければなりません、つらいときも来るでしょう。そうしたとき、もっとも頼りになるのが、夫婦の絆《きずな》です。寒い冬に体を寄せ合い、あたため合えるような夫婦になってほしいと思います。

最後に一つ、ことばを送ります。「夫婦生活とは、長い会話である」。これはニーチェが言ったことばですが、二人が心を開いて気持ちを素直に伝え合う。ことばというものは、夫婦がいつまでも仲良く暮らしていくための、最高の術になります。

その点、なつみはおしゃべりが大好きなので、私は安心しております。私の家に来たときなどは、お茶を飲みながら、3時間、4時間としゃべるのは平気でございます。その調子で晴臣さんと話し合ってくれればよいのですから。ただし、一方的な話は禁物で、会話をしてくださいね。

結び

少しばかり説教じみて恐縮ですが、こういう伯母が、親族の中には必ず1人や2人はいるものでございますから、今日は自ら、かって出ることにしたしだいでございます。晴臣さん、なつみ、お幸せに。どうぞ楽しい会話を、長く続けていってください。ご出席の皆様、本日は誠にありがとうございました。

“結婚観”にまつわるエピソードを紹介

お見合い否定派だったはずが…

つかみ

皆様、本日はお忙しい中、ようこそおいでくださいました。

新婦の叔母、橋爪圭子と申します。

叔母とは申しましても、汐里さんとは10も年が離れておりませんので、私自身は姉のようなつもりで、汐里さんとお付き合いをして参りました。汐里さんも確か、私のことを伯母さんと呼んだことは、一度もなかったと思います。とくに人前では禁句として、きびしく戒めた結果なのですけれども。

展開

新婦汐里さんは、昨年の春に、本日のご媒酌人、松田様ご夫妻にお仲人をしていただき、初めてのお見合いをいたしました。そしてそのときのお相手こそが、今汐里さんのお隣に座ってらっしゃる新郎の秀一さんでした。

なぜ、今さら私がこのような言わずもがなのことをお話ししているかと申しますと、汐里さんがまだ高校生のときの、あるエピソードをご紹介したいからなのです。

何を隠そう、実は私も見合いで結婚をいたしました。話しがまとまりまして、汐里さんのご両親に報告にまいりますと、汐里さんはなぜか妙に不機嫌で、私たちの前に出て来てくれないのです。

どうしたのかと心配になって、あとで聞いてみますと「お見合いで結婚するなんてサイテー」といきなり言われてしまいました。

それからいろいろとお話をしまして、汐里さんの意見は、まったく知らない相手

POINT

叔母といっても年が近いので、堅苦しいあいさつより新婦の姉のような気持ちで。親しみを込めて、軽快に話すとよいでしょう。

と、一度や二度会っただけで結婚を決めるなんてあり得ない。恋愛結婚でなければいい夫婦になんかなれっこない、とまことに高校生らしい初々しい意見でございまして、「とにかく結婚は、恋愛じゃなきゃだめ!」と力強く結論づけてくれたはずだったのですが……。

その汐里さんが、たった1回のお見合いで結婚を決意した。そう聞いて、私は本当にビックリいたしました。これは尋常なことではないな、と思ったわけです。

「どういうわけなの」ってひやかしたら、汐里さんは「だって私の理想にあんまりピッタリなんだもの」なんてすまして言っていました。こうして秀一さんのご様子を拝見すると、確かに常々聞かされていた、汐里さんの理想にピッタリの方のようですね。

結び

世の中とは不思議なものです。どんな形で自分のただ一人の運命の相手に出会えるか、まったく想像がつきません。

ドラマでもありましたが、もしかしたら、汐里さんと秀一さんはほんとうに、生まれたときから見えない赤い糸で固く結ばれていたのかもしれませんね。汐里さん、秀一さん、その不思議な赤い糸のご縁を大切にして、ステキな家庭を作ってくださいね。

本日はおめでとうございます。

軽口をたたいて場を盛り上げる

二人の主義がピッタリ合って？

つかみ

岡田でございます。

本日の新婦香奈美さんの姉の夫、つまり義理の兄にあたります。つい先ほど、独身生活から足を洗って晴れて夫婦の契りを結ばれた将也君、そして香奈美さん、感想はいかがですか。ついに来るべきときが来た。そんなところでしょうか。

とにかくおめでとうございます。

君たちのそんな幸せそうな顔を見ていると、これから二人を糾弾してやろうという、僕の気持ちがにぶってしまいそうです。

展開

香奈美さんは、いわゆる独身主義の女性でした。結婚なんてほんとうにつまらない。特に女は、結婚したら家庭に縛り付けられて自由を束縛され、身動きがとれなくなってしまう。それに、相手の人を結婚という名前に縛りつけるのも自分の好みではない、とそれはもう大変な勢いで、新婚早々の僕たちのところにやってきては力説していたのです。

それが大学を卒業して半年もたたないころでしょうか。香奈美さんはにっこりと笑って「私、結婚するの」と突然言うではありませんか。あれほど強い主張を持っていた香奈美さんの豹変ぶりに、私は妻と顔を見合わせ、すっかり驚いてことばもないありさまでした。

なんとか落ち着いて、豹変の理由を尋ねてみますと「私とピッタリ主義の合う人が

POINT

義理の兄弟がスピーチをする場合は、最初に関係を簡潔に述べ、明確にしておきましょう。エピソードに姉妹などを登場させるのも◎。

現れたから、この人となら結婚してもいいと思って」と答えたのです。独身主義の香奈美さんと主義が合って結婚する相手って、いったいどんな人なんだろうと、僕はまた、さっぱりわけがわからなくなってしまいました。

当惑する僕に、香奈美さんはすましてこう説明してくれました。「相手の人って独身主義者なの。それで気が合って結婚することに決めたのよ。きっと似合いの夫婦になるわ」と。そりゃあ、もう、文句なく似合いの夫婦になりますでしょう。同じ主義主張を掲げ、せいぜい仲良くやってください。僕はもう知りません。

と、まあこういうわけで結ばれた二人ですが、今になって考えてみますと、おそらく独身主義というのも、お互いに相手を束縛したくないという思いやりであり、二人のやさしさ、誠実さゆえの主張だったのではないかと思われるのです。

結び

しかし、とにかくもう、独身ではなくなったのですから、また新しい主義を二人で見つけて、いい家庭を作ってほしいと思います。それが、こうして集まってくださった皆様への、一番の恩返しになるのですから。

そんな二人ですから、おそらく、結婚してからも、互いに相手の意志を尊重し合い、相手を束縛しないスタイルの結婚生活を送られることと思います。どんな形であれ、香奈美さんの姉と私は、あなた方二人の末永いお幸せをお祈りいたします。

本日はおめでとうございます。

先輩夫婦としてのアドバイスを語る

夫婦ゲンカのすすめ

つかみ

小川さん、静香さん、おめでとうございます。心からお喜び申し上げます。

皆様、本日はお忙しいところをお出かけくださいまして、誠にありがとうございました。

私は沖英恵と申しまして、静香さんの兄、沖英二の妻でございます。ご指名にあずかりましたので、ひとことお祝いのことばを述べさせていただきます。

静香さんは、私の主人と二人きりの兄妹で、私どもの結婚式のときには、常々お姉さんがほしいと思っていたと言ってくださいまして、主人が出ていることが多いのもあり、ほんとうの姉妹のように、親しくさせていただいております。

展開

ただ、ここしばらくの静香さんは、口を開けば小川さんのお名前ばかりで、少しばかり困っておりました。でも、今日《きょう》からは二人だけの生活が始まります。始めの頃はきっと毎日が幸せで、楽しくて、夢のような日々が続いていくことでしょう。ですが、2年、3年と経ってまいりますと、いろいろとお互いの短所も見えてきて、イライラすることも出てくるかもしれません。

そこで今日は私の友だちに、ちょっと変わった方法で、そのイライラを解消している夫婦がおりますので、参考までにご紹介しようと思います。

それは、月に1回、必ず夫婦ゲンカをするということなのです。その日になると二人は背を向けて顔を合わせないようにし、日頃思っていることを、大声でしゃべ

POINT

ユーモアたっぷりに自分の話なども入れて、少々脱線させるのもテクニック。その場合は最後に詫びる一言を添えるとよいでしょう。

り合うのだそうです。

私はこれに音楽でもかけて、時にはクッションくらい投げ合ったらもっとよいストレス解消になるのではないか、などと思ってしまったのですが……。

冗談はさておきまして、やはりケンカはやるとなったら元気よく派手に、ただし明るさを失わずに溜め込む前にやることがコツではないでしょうか。そして、自分が悪いと思ったら、すぐに謝ること。

さらに仲直りの際には、プレゼントか何か、形のあるものを添えていただきたいと思います。旦那様がケーキを買って帰るのもいいですね。そうしましたら、奥様も、ご主人の好みのおかずを一品増やしてあげるとか。これで、夫婦円満間違いなしです。

実を申しますと、先ほどご紹介しました友だちを見習って、私どもも月1回、必ず夫婦ケンカデーを設けているんです。その結果、イライラも解消されますし、ときには新婚気分も味わえるんです。ですからぜひ、お二人にも、また、本日ご来席くださった皆様方にもおすすめいたします。

結び

ずいぶんと勝手なごあいさつでございましたが、お許し願いとうございます。お二人の結婚生活が、実りの多いものになりますよう、お祈り申し上げております。

ご出席の皆様、本日は誠にありがとうございました。

新郎の父親
新郎の母親
新婦の父親
新婦の母親
新郎の親代わり
新郎の従兄弟
新婦の義姉

幼なじみに末永いお付き合いを申し出る

子どもの頃から人気者だった新婦

つかみ

夢花さん、ご結婚おめでとう。

ご紹介を賜《たまわ》りました、新婦の従兄弟、金子寛貴でございます。

このような晴れの席で、従兄弟の私までがごあいさつをさせていただき、大変光栄に存じます。

展開

私たちは母が姉妹で、家も同じ町内にあったものですから、幼少の頃からまるで両方が自分の家であるかのように、自由に行き来して育ちました。

お互いに兄妹があったのですが、同い年の従兄弟は私たちだけでしたので、気が合って、とても仲良しでした。

小さな町でしたので、同じ小学校、中学校と過ごす間には、何度か同じクラスで机を並べたこともありました。

夢花さんは成績がよく、皆からとても信頼されていて、いつもクラス委員に選ばれていました。私はいつもあなたを引き合いにだされ、これでもずいぶんつらい思いをしたんですよ。

また、夢花さんは男の子の間でもとても人気があって、私は鼻が高かった反面、やはりうらやましくて、少しみじめな思いもしました。

実はラブレターの仲介役も、何度か頼まれていたんです。そんなときは、従兄弟だという権力で、勝手にあなたのボディーガードをきどったりして、厳しく注意し

POINT

幼い頃の新婦を思い出しながら話します。それに対応させるように、立派に成長した現在の新婦への感慨も述べましょう。

て断ってしまったことを告白します。

ごめんなさい。怒らないでくださいね。こんなステキな男性と結婚できたのだから、もう時効ということで、許してもらえますよね。

高校からは、学校が違ってしまったために、それほど親しくお会いすることがなくなってしまい、今日《きょう》お目にかかったのも久しぶりです。**今日は、夢花さんが、あんまりきれいなので正直言って、驚いています。内心、新郎の竹下さんに、ひそかなねたみを抱いてしまったほどです。**

考えてみれば子どものときからすごく美人だったんですよね。身近にいすぎたためでしょうか。さんざん皆から、従兄弟の立場をうらやましがられていたというのに、こんなにステキな女性に気がつかなかった、私が愚かでした。

結び

そんなわけで、愚鈍な私は、未だに独身でおりますが、いずれ家庭を持ち、子どもができましたら、またお互いに家族ぐるみでお付き合いをさせていただきたいと思っています。同い年の子どもができたら、さらにいいですね。

新郎の竹下さん、どうぞその節は、私の未来の花嫁ともども、よろしくお願いします。

本日はおめでとうございました。

皆様、どうもありがとうございました。

今も目標としている新婦の姿を語る

お姉さんから学んだ生きる姿勢

つかみ

愛姉さん、おめでとうございます。

私は愛姉さんの従姉妹で、栗本美咲と申します。いつも愛ちゃん、と呼ばせていただいておりますので、そのまま呼ぶことをお許し願いたいと存じます。

愛ちゃんの花嫁姿、美しいですね。新郎の朔太さんもすごく素敵で、お似合いです。先ほどからずっと、お二人に見とれておりまして、あまりの素晴らしさに胸がいっぱいになってしまい、何をお話ししていいのやら、わからなくなってしまいそうです。

展開

私は大学に入って最初の2年間、愛ちゃんにとっては最後の2年間、同じアパートでともに暮らしました。私にとって貴重な2年間でした。

愛ちゃんからいろいろなことを教わりました。料理やお掃除の仕方を始め、今まで全部母にやってもらってきたことを、自分でやらなければならなくなったのですが、その一つ一つを皆、愛ちゃんに教えてもらったのです。

きっと私が何にもできなくて、あきれていたでしょうね。私にとっては素晴らしい日々であっても、愛ちゃんにはうっとおしかったのではないかと、それが今でも心配です。

愛ちゃんの影響で私が変わったことは、たくさんあります。特に何とかして見習いたいと思ったことは愛ちゃんの前向きな姿勢です。ほんの小さな日常生活の出来

POINT

年上の従姉妹をあこがれのお姉さんとして語ります。あまりにもベタベタした口調にならないように気をつけましょう。

事に対しても、投げ出したり、躊躇《ちゅうちょ》したり、簡単にあきらめたりせず、いつもまっすぐに物事にぶつかっていく。そういう愛ちゃんの姿は、一緒に暮らしていてとても魅力的に見えました。

私が学年末試験のとき、苦手なフランス語で「もうあきらめているの」と言うと「そんなことではダメ、アドバイスしてあげるから」と言っていろいろ教えてくれ、力づけてくれました。そのおかげで私は〝やる気〟を起こし、試験でよい成績をあげることができました。

私はどちらかというと消極的で、何か面倒なことがあるとすぐに投げ出したり、その場しのぎの解決を急いだり、そうしてはふさぎこんでしまったり、物事に正面から取り組むことができません。

そんな私を見て、愛ちゃんがずいぶんはがゆい思いをしていたのではないかと思います。でも、今は、私も愛ちゃんを見習って積極的に物事に取り組むように、一生懸命努力しています。

結び

愛ちゃんは、結婚してからも、お仕事を続けていくそうですね。きっとお二人は、お互いの生き方を認め合って、上手に仕事と家庭を両立させていかれることと思います。結婚生活でも、ぜひ私のお手本になっていただきたいと思います。

朔太さん、愛ちゃん、どうぞ、お幸せに。

感謝と幸せを願う気持ちをこの機会に

苦労した妹の幸せを願って

新婦加世の兄、黒河透です。

本日はお忙しい中をご出席くださいまして、ありがとうございます。

父が急な病で倒れましたために、涼司君とそのご両親である西村ご夫妻からも本日の結婚式を延期しようとのご提案をいただいたのですが、父のたっての希望で、予定通り本日結婚式を挙げ、皆様にご披露させていただく運びとなりました。

伯父夫婦が親代わりを務めてくれましたので、ごあいさつは、ふつつかながら兄の私が、父に代わって述べさせていただきます。

つかみ

先ほどは、新郎新婦のご上司、先輩、お友だちの皆様から、お心のこもったお祝いのおことばを賜《たまわ》りまして、ありがとうございました。

なかには、加世に対する過分なお誉めのおことばもございまして、兄として誠にうれしく、また恐縮もいたしております。

すでに司会者より紹介がありました通り、私たちは8年前に母を失い、父と加世、そして私の3人暮らしとなりました。当時加世は高校1年生で、勉強もしなければなりませんし、遊びたい盛りでもありましたでしょう。何とかうまく家庭の仕事を分担し、加世一人に負担がかからないようにしなければならないと、私や父もいろいろと相談したのですが、加世はそのとき、自分が一家の主婦になることを心に決めていたのでした。

展開

POINT

母を亡くし、父が入院中という特殊な例。兄として堅苦しくならず、若々しい口調で。最後に父のことばを伝えて結びましょう。

加世はけっして手を抜くことなく、家庭の主婦役を果たしながら高校卒業後は大学にも進み、○○社に勤めるようになって、ここで新郎の涼司君と運命的な出会いをしました。

私どもは、加世がきっと幸せな家庭を築くであろうことは信じて疑いません。加世自身、ずっと花嫁修業を積んできたのだから大丈夫、などと言っております。涼司君、どうか加世のことをよろしくお願いします。幸せにしてやってほしいと思います。

最後に、父からのメッセージがあります。

「加世、おめでとう。私たちのことは、もう何も心配いらないから、安心して、涼司君のいい奥さんになりなさい。今までありがとう。涼司君、ふつつかな娘ですが、末永く、よろしくお願いいたします。また、本日加世をお祝いくださいました皆様、誠にありがとうございました。今後とも、加世がよき妻として成長いたしますように、お力添えくださいませ。西村ご夫妻とご親族の方々、さらには本日ご出席賜りました皆様、大変ご面倒をおかけいたしました。心から感謝を申し上げます」

結び

父のお礼のことばをもちまして、ごあいさつを結ばせていただきます。

本日は、私ども兄妹にとりまして、もっともうれしい一日でございました。

皆様、ほんとうにありがとうございました。

幼い頃から変わらない新婦の長所を紹介

多くの友人に囲まれて

つかみ

新郎なぎさの姉、柴田あゆみでございます。

このように、大勢の皆様がお集まりくださり、明るく、華やかにご祝福いただきまして、なぎさはほんとうに幸せ者でございます。皆様ありがとうございました。

きっと毎年、この日が巡ってくるたびに、なぎさは本日の皆様のあたたかいおことばを思い出し、志を新たにすることでございましょう。

こうして皆様のおかげをもちまして、修史さんの妻となったなぎさでございますが、まだ妻として、主婦としての知識や技術は、何も持ち合わせておりません。どうか皆様のご指導を賜《たまわ》りますように、姉の私からもお願い申し上げるしだいでございます。

展開

私はなぎさのひとつ上の姉でございまして、なぎさのひとつ下には弟が一人ございます。三人とも年が比較的近いので、子どもの頃は、ずいぶんとにぎやかな家庭でございました。ことに私は、いちばん年上でありながら、恥ずかしいことに、弟としょっちゅうケンカしておりまして、にぎやかさに貢献と申しますよりは、騒ぎの原因を作っておりました。

そんなとき、なぎさはいつも二人の調停役でございました。真ん中であるという意識が働いていたのでございましょうか。中立主義で、ケンカの仲裁にはもってこいの、おだやかな性質の子でありました。

POINT

兄弟姉妹のスピーチでは、新郎新婦の人柄を紹介するエピソードが無難です。堅苦しい話は避けたほうがいいでしょう。

争いを好まず、常に相手の立場を考え、思いやる。なぎさはそんな姿勢を貫いているようでございます。そうしたことに不思議な能力を持っているらしく、なぎさに「まあ、まあ」などと言われ、笑顔のひとつも向けられますと、私も何となく、まあいいか、という気持ちになってしまうのです。

そのせいか、なぎさはお友だちにも非常に恵まれまして、我が家ではいつも、いちばんお客様の多い子でございました。本日も、たくさんのお友だちにおいでいただけで、なぎさもさぞかしうれしいことと存じます。

新郎の修史さんも、また大変社交的な方とうかがっております。世の中は、結局人間関係に始まって、人間関係に終わるものでございましょう。お付き合いを大切になさる方は、誰からも信頼され、豊かな気持ちで日々をすごせることと思います。

きっと二人の家庭は、訪れるお客様の多い、にぎやかで明るい家庭になるのではないでしょうか。素晴らしいことだと思います。

結び

本日ご出席の皆様も折にふれて足を運んでくださり、二人の生活の展開ぶりを見てやっていただきたいと存じます。

どうぞよろしくお願いいたします。

修史さん、なぎさ、ほんとうにおめでとう。

どうかいつまでも幸せであってください。

いつものままの姉弟の口調で

新婚旅行のお土産ヨロシク！

つかみ

新婦の智恵の弟で、隆之介と申します。
高橋さん、いや、今日《きょう》からは大介兄さんと呼ぶべきですね。大介兄さん、智恵姉さん、ご結婚おめでとうございます。

展開

智恵姉さんと僕とは、子どもの頃は取っ組み合いのケンカまでした言わば好敵手でしたので、姉さんの姓が変わってよその家の人になってしまうのは、少し寂しい気もしています。

しかし、「姉さんは嫁にもらうやつの顔が見てみたい！」というのが、ケンカの際の常套語《じょうとうご》でしたので、こうして姉さんと並んだ大介兄さんの顔を見ている僕の気持ちは複雑です。

……うーん。こんなにイケメンと結婚するとわかっていたら、あんなくだらないことを言うのではなかった、とちょっぴり後悔しています。

それに智恵姉さんも、こうして見るととってもきれいですね。僕の2番目の常套語は、「このブス！」。ひどいことばで恐縮です。……というのでしたから、これもあらためなければなりません。

これでもう、兄弟ゲンカもできなくなってしまうと思うと残念ですけれど、その分、今日は思いっきり憎まれ口をきかせてもらいました。

きっと今日の姉さんなら、僕に仕返しをしようなどとは思わないでしょうね。そ

POINT

若い弟のスピーチなら、奇をてらわず思ったことをストレートに述べるのがいちばん。列席者もほほえましく聞いてくれるはずです。

れでも、僕の結婚式のときが心配ですので、憎まれ口はもうこのくらいにしておきましょう。

僕とのケンカはこれで一時休戦になると思いますが、智恵姉さんはなかなか好戦的な性格ですので、今後は大介兄さんとの夫婦ゲンカが心配です。

でも、僕と違って大介兄さんは手強そうですから、きっと姉さんの相手にはならないですよね。

でも姉さんにとって、僕とのケンカはほどよいストレス解消に役立っていたようですので、大介兄さんも時には付き合って、夫婦ゲンカをすることをおすすめしておきます。ストレスがたまったら、今度こそ何をしでかすかわかりませんからね。

あっ、また言ってしまいました。すみません。

結び

とにかくいつまでも仲良く、僕がうらやましくなるような素晴らしい家庭を作ってください。

それからヨーロッパへの新婚旅行、楽しんできてくださいね。そして、僕へのお土産を忘れずにお願いしますね。ステキなお土産を楽しみに待っています。

最後に、大介兄さん、それからご家族の皆様、今度ともよろしくお付き合いくださいますようお願いいたします。

本日は、ほんとうにおめでとうございます。

幸せを願うことばを季節にからめて語る

素晴らしい人生の開花を！

身内中心の披露宴ということですので、少し気持ちを楽にして、ごあいさつさせていただこうと思います。

つかみ

新婦結の妹、翠と申します。

今日《きょう》は皆様、姉の結婚をお祝いくださいましてありがとうございました。一馬さん、姉さん、おめでとうございます。

二人は再婚同士ではございますけれども、今は初婚も再婚もない時代だと思います。ただ再出発であることは間違いないのですから、その意味で、気持ちを新たに持ったらよいのではないでしょうか。

展開

姉さんは、同じ姉妹でも私とはまるで違って控え目な美人ですので、黙って座っているだけでも絵になり、いろいろ縁談が飛び込んでくるのですが、それとは対照的に私ときたら、まわりに自分から宣伝をかけて、そこらじゅうを歩き回ってみても、なぜか縁が巡ってまいりません。神様、少し不公平ではありませんか。などといったようなうらみ節も言いたくなってしまうのですが、これも定めとあきらめましょうか。

実は、昨年まではそのように考えていたのですが、今日《きょう》、こうしてお二人の晴れ姿を目のあたりにしますと、あきらめるのはもう少しあとにしようという気になってしまうのですから困ったものです。

POINT

再婚同士の場合のスピーチです。姉の再婚に対する素直な喜びのことばを伝えましょう。再婚自体にはさらりと触れる程度に。

新郎の一馬さんは、私の目から見ましても、ご立派で、やさしくて、たのもしくて、ステキな方ですので、ますます姉さんがうらやましくなってしまうのですけれど、そのようなとても男らしい方でいらっしゃいますので、やはりこれはおだやかな姉さんにこそお似合いなのでしょう。

こうして多くの皆様にお集まりいただき、新たなる門出を祝っていただけることは、何にもまして幸せで、ありがたいことです。言わずもがなとは思いますけれども、姉さん、そして一馬さんも、いつまでも感謝の気持ちを忘れずに日々を送ってくださるように期待しています。その気持ちこそが、きっと幸福への近道だと思いますので。

結び

桜の季節もそろそろ終わろうとしております。でも、お二人にとって、人生の開花は今日始まったばかりです。すばらしい花盛りの季節が待ち遠しく思われます。美しい花を咲かせ、よい実を実らせてください。

どうか末永くお幸せに。

最後に、ご出席の皆様にも、二人が新しい人生により美しい花を咲かせることができますよう、お力添えをお願いし、私のあいさつに代えさせていただきます。

皆様、本日はありがとうございました。

本書は当社「両親・親族のスピーチ」（2014年5月発行）を再編集し、書名・価格を変更したものです。

■ 編集協力　木村 亜紀子
■ デザイン　佐藤 恵美／浮谷 佳織（CROSS POINT）
■ DTP　横山 麦子（エヌ・オフィス）
■ イラスト　森下 えみこ

両親・親族のウエディングスピーチ

編　　集　つちや書店編集部
発 行 者　櫻井 英一
発 行 所　株式会社滋慶出版／つちや書店
〒100-0014 東京都千代田区永田町2-4-11-4F
TEL.03-6205-7865　FAX.03-3593-2088
MAIL shop@tuchiyago.co.jp
印刷・製本　日経印刷株式会社

この本に関するお問合せは、書名・氏名・連絡先を明記のうえ、上記のFAXまたはメールアドレスへお寄せください。なお、電話でのご質問はご遠慮くださいませ。また、ご質問内容につきましては「本書の正誤に関するお問合せのみ」とさせていただきます。あらかじめご了承ください。

http://tuchiyago.co.jp